DON

Pour Et

Bien Cordialement,

12/04/03

INDONÉSIE

Variété, faste et démesure

JAVA – SUMATRA – BALI

Alain BILLY
Alain WODEY

ANAKO Éditions

Sommaire

Les auteurs 4
Avertissement 5
Remerciements 5
Selamat satang : Bienvenue 7
Nusantara, "l'archipel", variété, faste et démesure 9
Le tohu-bohu de l'histoire 17
Java, le cœur du monde 29
Sumatra, l'empreinte des ancêtres 43
Bali, la fleur qui renaît 71
Et d'autres îles... 83
Faune et flore 89
Volcans : outrance et fascination 99
Spiritualités sans frontières 109
Art et artisanat, un savoir séculaire 119
La fleur qui chante 139
Colonnes du temps, les dates essentielles depuis le début du XXe siècle 140
Glossaire 143
Crédits photographiques 143

1re page de couverture : *Jeunes Batak Simalungun lors de la fête du Raja Purba (Sumatra-Nord)*
4e page de couverture : *Volcans Bromo et Semeru (Java-Est)*

"L'aventure, c'est d'abord la rencontre et le partage avec les autres..."

A Pierre, Olivia, Damien, Fabrice et Pascale
A Marie-Thérèse et Hélène
A Si'Mbah Sirat

Les auteurs

Alain Wodey est cinéaste-conférencier indépendant depuis 1968. Présentés à la tribune de "Connaissance du monde", ses films documentaires et travaux photographiques témoignent de sa quête d'horizons nouveaux, de sociétés, de cultures et de traditions différentes. Après les pays d'Europe du Nord, entre 1972 et 1984, il effectue des séjours en Inde, Cachemire, Ladakh et dans les Etats interdits de l'Assam et du Meghalaya où il est un des rares étrangers à avoir pu réaliser des reportages sur les minorités zemi-naga, mikir, garo, khasi et jaintia. Après avoir tourné un film sur les Vosges *Les montagnes ont une mémoire. Mes racines, les Vosges*, entre 1986 et 1991, il consacre à l'Irlande un documentaire profondément humain : *L'Irlande, l'île de toutes les passions.* Depuis 1994 il séjourne régulièrement en Indonésie. Son film *Indonésie, des îles, des volcans, des hommes*, montre quelques-unes des réalités de cet archipel. Ce livre est le prolongement de sa quête patiente et sensible.

Directeur du centre culturel de Yogyakarta de 1991 à 1997, **Alain Billy** a écrit des romans publiés chez Albin Michel, Belfond et Fleuve Noir.

Les deux auteurs se sont rencontrés sur les pentes du volcan Merapi. De ces aventures communes est issue une amitié qui s'est concrétisée dans la création de cet ouvrage où transparaît leur attachement commun pour l'Indonésie. Un préambule à d'autres complicités...

Avertissement

Devant l'immensité et la complexité de ce pays je me suis plus particulièrement attaché à décrire Java, Sumatra et Bali, que j'ai parcourues de très nombreuses fois. Ainsi, au fil des rencontres, des échanges et des liens d'amitié qui se tissent, se révèle une partie des multiples facettes d'un monde d'une incroyable diversité, d'une extrême sensibilité et de contrastes violents. A chaque nouveau séjour les observations superficielles du début s'effaçaient devant des réalités radicalement différentes et bien plus passionnantes que celles que je m'attendais à trouver. Tout ne peut être évoqué ni traité ici mais, à travers ces trois îles, vous découvrirez les caractéristiques essentielles de cet archipel. Reconnaissables par l'utilisation d'une police de caractères différente, les textes d'Alain Billy, écrivain et fin connaisseur de l'Indonésie, complètent et apportent des précisions indispensables à ce large tour d'horizon.

ALAIN WODEY

Remerciements

A Daniel Leclerc et Michel Martin pour leurs talents de photographe et leur patience.

A Roch Desmier de Chenon pour son extrême disponibilité et sa grande connaissance des Batak.

Ardiyanto, Ida Bagus Dibia, Patrick Bernard, Frankie, Jocelyn Guilbert, Matthieu Hanser, Esti Hardy, Emmanuel Jung, Emmanuelle Lamade, Charles Lamb, Yves Lemonnier, Alain Monteil, Guy Muller, Serge Palu, Esti Pujantoro, Thierry Robinet, Sukasman, René Vernadet, Jean Bertrand de Villeneuve, Damien Wodey et tous mes amis indonésiens qui n'ont pas hésité à m'ouvrir les portes de leur univers.

Les Indonésiens, 203 millions en 1999, dont plus de la moitié sont massés sur la seule île de Java (132 174 km², 6 % du territoire ; 120 millions d'habitants ; la plus forte densité au monde ; 15 millions dans la seule ville de Jakarta), ont porté leur nation au quatrième rang des pays les plus peuplés.

Le reste de la population occupe surtout les îles les plus étendues, Sumatra (473 607 km² ; 42 millions d'habitants), Kalimantan (539 400 km² ; 6 millions d'habitants), Sulawesi (189 216 km² ; 16 millions d'habitants), Irian Jaya, "ilhas dos Papuas", "l'île des cheveux crépus" (421 981 km² ; 2 millions d'habitants).

La petite Bali, "l'île des dieux" (5 561 km²) compte tout de même 3 millions d'habitants. Les petites îles de la Sonde, "îles du Sud-Est" (90 000 km²), Lombok, Sumba, Sumbawa, Komodo, Flores, Timor, représentent, quant à elles, 4 % à 5 % seulement de la population indonésienne. Les Moluques (Maluku), 74 505 km², abritent 2,2 millions d'habitants…

Selamat datang : Bienvenue

Sous un ciel chargé de lourds nuages, l'avion vient d'effectuer une courbe et la descente s'accélère. Une mer sombre, ridée, puis le vert des rizières damiers aux eaux limoneuses, des chemins, des canaux sinueux, des bosquets, des palmiers, des hameaux et des maisonnettes dispersées, aux toits de tuiles rouges, défilent sous les ailes, de plus en plus proches. Un choc. Bruit sourd des réacteurs mis en *reverse*. Ça y est, l'avion s'est posé sur la piste de Sukarno-Hatta, l'aéroport international de Jakarta...

C'est toujours avec la même émotion, le même plaisir aussi, que je retrouve cette ville, porte ouverte sur un pays passionnant, point de départ de toutes mes aventures. C'est d'abord la chaleur humide (j'ai beau connaître, j'ai toujours du mal à m'y faire complètement), puis les odeurs, dominées, ici, par le parfum entêtant et douceâtre des clous de girofle mélangés au tabac des fameuses cigarettes *kretek* dont les Indonésiens font une consommation immodérée. Impossible de rester seul bien longtemps. Des mains se tendent, des sourires, des appels..."Transport, *mister*, transport ?" Par dizaines, des hommes attendent, hèlent voyageurs et touristes pour offrir leurs services. Parmi eux des propriétaires de voitures qui ont amené de la famille ou des amis prendre un avion et qui ne veulent pas revenir à vide à Jakarta mais surtout des chômeurs ou des malins. Ils se font ainsi quelque argent en évinçant les taxis réguliers ou les bus officiels effectuant la navette entre l'aéroport et la capitale. Discussions, marchandage, faux départs, refus, accord. Toujours avec le sourire, patience et ténacité, mais sans excès. Nous sommes en Asie. Finalement, je trouve mon bonheur, qui fait aussi celui de mon nouvel ami occasionnel : j'embarque dans une Toyota Kijang à bout de souffle qui me déposera à l'adresse indiquée. Je suis heureux, j'en suis maintenant à mon huitième séjour dans ce pays qui ne cesse de me surprendre.

Jakarta-Centre (Java-Ouest)

Nusantara, “l’archipel”, variété, faste et démesure

17 508 îles dispersées sur 10 millions de kilomètres carrés

Né de la fécondité volcanique, au sud de l’équateur, le plus vaste archipel de la planète entretient, dans une humidité constante et une température de couveuse, les conditions favorables à l’éclosion et au développement d’une flore et d’une faune prodigieuses.

Jusqu’en 1995, Nusantara comptait officiellement 13 677 îles (dont 3 000 habitées). Mais, lors du cinquantième anniversaire de l’indépendance, ce chiffre, corrigé à la hausse grâce aux photographies obtenues par satellite, fut porté à 17 508. Curieuse arithmétique, qui revêt un caractère poétique voire désuet. Aurait-on comptabilisé des îlots minuscules, de simples rochers, pour ajouter au prestige et à la fascination du vertige ? Peu importe ! Le chiffre fait rêver l’aventurier moderne à une existence de Robinson ou à une fuite d’éternel errant. Ces latitudes offrent bel et bien une réserve intarissable de découvertes.

L’impossible inventaire se résume, en général, à quelques noms évocateurs d’îles “dominantes” que certains clichés ont rendues définitivement célèbres : Kalimantan, partie indonésienne de Bornéo, aux jungles impitoyables, grouillantes de reptiles et territoire des chasseurs de têtes ; Sumatra la marécageuse, “l’île aux tigres”, “eldorado de l’Orient”, abritant des pirates-démons dans le détroit de Malacca, des rhinocéros dans ses forêts inaccessibles où se développe un monstre, le rafflesia à l’odeur fétide, “le champignon du soleil”, la plus grosse fleur du monde au pouvoir aphrodisiaque, et où, dans l’eau rouge des rivières limoneuses, vit un poisson-chat unique, l’*arowana* doré, convoité pour son extrême rareté ; Java, “jardin du milieu”, à l’élégance raffinée et possédant le plus sophistiqué des orchestres : le gamelan, dont les sons caressants rythment la vie quotidienne dans les palais des sultans ; Bali, “matin du monde”, paradis hindouiste au charme théâtral, peuplé de danseuses enfants, animant de leurs envoûtantes arabesques de délicieuses closeries agrémentées de frangipaniers, d’hibiscus, de jasmins, de fontaines chuintantes et de bassins couverts de lotus, “Bali-les-Seins-Nus”, comme l’appelait l’écrivain Roger Vailland, Bali du farniente, de la méditation et des plages idylliques ; Komodo, enfin, tragique île aux “dragons”, aux varans venus du fond des âges, dans le soufre des volcans actifs et l’écume de la mer de Flores, lézards géants capables d’engloutir d’une bouchée une chèvre ou un homme…

Jusqu’à ce jour, six mille îles environ sont sorties de l’anonymat. Nous venons d’en nommer cinq, seulement cinq, avec, caricaturales, leurs caractéristiques essentielles. Les citer toutes serait aussi fastidieux que lassant, mais, foin de tournis, nous ne résisterons pas à la tentation d’en citer quelques-unes encore, choisies pour le seul parfum des vocables ou la magie des images qu’ils véhiculent : d’une colonne vertébrale sous-marine, sur la côte ouest de Sumatra, saillent Siberut et Sipora où vivent les Mentawaï, les “Hommes Fleurs”, descendants des premiers habitants de l'Indonésie et dont l'héritage archaïque n'est autre qu'un mode de vie néolithique en harmonie avec le cosmos. Proches d'eux, les Ono Niha, les “enfants du peuple” habitent Nias, l'île des mégalithes, étonnante civilisation d'origine inconnue, qui s'est inscrite dans la pierre, mais aussi dans le bronze... Au nord de Surabaya, à l'est de Java, s'étend Madura, surtout connue pour ses courses de taureaux attelés *(kerapan sapi)*, et appréciée pour les performances amoureuses de ses filles *(dara)*, douces comme le miel *(madu)*... L'archipel des Togian, qui ponctue de son typique relief volcanique le golfe de Tomini (Sulawesi), abrite de spectaculaires récifs coralliens fréquentés par des baleines, une luxuriante végétation tropicale que hantent les babiroussas et les calaos, des mangroves où résonnent les cris des drongos, les “rois des corbeaux”. Les atolls et les lagons des Togian se parent de la plus extravagante palette de couleurs que l'on puisse imaginer. On retrouve cette richesse de teintes à Banda, au sud-est d'Ambon, les “îles aux épices” où se concentrent les plus beaux fonds du monde, exaltants, intacts, filmés par l'équipe du commandant Cousteau, au cours de plusieurs expéditions.

Pour en terminer avec l'onomastique des îles, il suffit de fermer un instant les yeux, puis de prononcer, comme dans une langue inconnue et sacrée dont on cherche à pénétrer l'esprit, d'autres noms encore, cueillis au hasard, et nous sentirons alors l'inépuisable pouvoir de fascination de ce kaléidoscope naturel : Nila... Mandioli... Yapen... Kobroor... Selu... Serua... Trangan... Maïkoor... Binongko... Kalaotoa...

Trois cents groupes ethniques

La nébuleuse d'îles s'égrène sur 5 120 kilomètres d'ouest en est (“de Sabang à Merauke”, si l'on se réfère à l'apprentissage scolaire de Java) et 2 000 kilomètres du nord au sud : ethnies et cultures, “unies dans la diversité”, selon la formule tirée d'un texte javanais du XVe siècle et consacrée par l'usage, *Bhinneka Tunggal Ika*, restent multiples et assez distinctes. Les ethnographes ont recensé plus de trois cents groupes ethniques aux caractères physiques voisins ou différenciés. Davantage de langues ou dialectes ont été inventoriés (le chiffre officiel est 583).

Danseuse du kraton de Yogyakarta (Java-Centre)

Les noms attribués aux langues “collent” généralement aux noms des ethnies elles-mêmes ou des îles qu'elles occupent : Minangkabau à Sumatra, Bugis dans les Célèbes, Dayak à Kalimantan... A Java-Ouest, l'on parle javanais (mais le soundanais dans la partie occidentale), à Bali, le balinais, à Ambon, l'ambonais, etc. L'officialisation récente du *bahasa indonesia*, langue de commerce simple tirée du malais de Riau, et enrichie de mots importés (anglais, néerlandais, portugais, arabes, persans, sanskrits, tamouls, chinois), écrite aujourd'hui en alphabet romain, a gommé certaines distances, sans pour autant altérer les langues originelles, toujours pratiquées, ni réussir l'unification escomptée.

Personne ne saura dire quels sont les descendants du *Pithecanthropus erectus*, le pithécanthrope de Java, présent sur ces terres il y a 600 000 ou 700 000 ans. Mais l'on accorde aux Négrito, petits hommes à la peau foncée et aux cheveux crépus, apparentés aux Pygmées d'Afrique, le privilège d'être les plus anciens habitants de certaines îles (notamment l'Irian Jaya), conquises, semble-t-il, au gré des caprices des niveaux des mers.

Les navigateurs austronésiens appartiendraient à une autre race d'émigrants, issue probablement de Chine, entre 7000 à 1000 avant J.-C., et dont le physique, de type mongol – puissante musculature, peau claire, traits fins et yeux taillés en amande, étirés vers les tempes – rappellerait fort celui des Malais ou des Philippins. Les Batak de Sumatra, les Dayak de Bornéo, les Toraja de Sulawesi, pour ne citer qu'eux, possèdent ces caractéristiques et des mœurs analogues : rituels exigeants marquant les étapes de la vie et surtout la dernière, la "cérémonie d'adieu", art du tissage (coton, chanvre, écorces broyées), utilisation de matériaux naturels (bois et bambou, rotin). Leurs contes et légendes paraissent avoir les mêmes sources. Leurs techniques itinérantes de déboisement et de brûlis *(ladang)*, comme leur façon de cultiver le riz, sont de nature semblable.

Deuxième vague de migration, progressive, celle des Deutéro-Malais, de pure race jaune (visages ronds, cheveux lisses, yeux bridés), qui auraient apporté rigueur et raffinement, donc une structure sociale sophistiquée : Soundanais, Javanais, Balinais, Madurais, Minangkabau de Sumatra, Makassar et Bugis de Sulawesi, qui seraient de ce groupe, ont choisi de s'ancrer sur les terres les plus fécondes. Ils ont introduit une certaine harmonie *(rukun)*, entre l'individu et la société.

Ces différentes communautés culturelles et linguistiques se sont plus ou moins mêlées, érodant certaines pratiques, en adoptant de nouvelles, faisant évoluer les langues. D'irrésistibles courants spirituels, venus de l'ouest, ont bouleversé l'inéluctable osmose de voisinage : le souffle de l'Inde, d'abord, chargé du bouddhisme et de l'hindouisme, des épopées sanskrites du *Râmâyana* et du *Mahâbhârata*, le vent de l'islam ensuite.

L'arrivée massive des Européens paracheva le brassage ethnique et religieux, paisiblement commencé, à l'aube des temps humains (peut-on le supposer ?) par le *Pithecanthropus erectus*.

L'Indonésie aujourd'hui

L'Indonésie affiche sa volonté de s'engager résolument dans le nouveau millénaire. Hors de la capitale, sur Java, la modernité apparaît omniprésente : villes affairées et centres urbains trépidants, vastes zones industrielles, grands travaux d'aménagement et de mise en valeur du territoire, campagnes prospères et bien ordonnées, autoroutes, un réseau routier d'une grande densité, convenablement entretenu, un parc automobile qui explose. Cette occidentalisation envahissante et cette vision – première et primaire – de ce pays à laquelle on ne s'attendait pas déconcertent. Où est donc cette Indonésie "sauvage" si généreusement présentée par les reportages, revues, brochures des agences de voyages et autres tour-opérateurs ? J'ai éprouvé, au début de mon premier séjour, des sentiments contradictoires. Puis, progressivement, sont apparus la curiosité et un intérêt de plus en plus marqué qui se sont finalement mués en passion.

Devant l'immensité, la complexité de ce pays aux mutations profondes, il faut prendre tout son temps pour tenter d'appréhender le plus justement possible ses grandes réalités et aller au-delà des apparences. Car l'effervescence désordonnée et spectaculaire, qui saute aux yeux du premier observateur venu, est trompeuse. Elle cache un jeu aux règles d'une

Mentawaï (île de Siberut, Sumatra-Ouest)

infinie subtilité et complexité. Pour les cartésiens que nous sommes, ce peuple est désorientant. Nous sommes toujours étonnés par sa façon déroutante de régler des questions délicates, son sens extrême de la diplomatie avec ses multiples rebondissements de dernière minute, pour toujours trouver des solutions, des compromis, aux problèmes les plus graves, sans que personne ne perde la face.

Les Indonésiens sont ouverts, chaleureux et curieux de tout. Le contact avec l'étranger est recherché, surtout de la part des jeunes, des étudiants. C'est une manière de rêver, d'échanger, d'avoir des précisions, des informations sur un monde qu'ils connaissent par les médias et l'enseignement.

Le respect des conventions et de la hiérarchie, le sens des devoirs et des responsabilités qu'implique la vie en collectivité sont importants... La conscience d'appartenir à une communauté distincte, avec ses particularités et son identité culturelle, est vive. Ainsi, les traditions et surtout l'*adat*, la loi coutumière, font partie du quotidien et influencent les comportements de tout individu quels que soient ses origines, son rang et sa position sociale. A tout ceci s'ajoute un puissant esprit d'entraide qui règne au sein de chaque strate de cette société. Avec la liberté de culte garantie par la Constitution, la tolérance et la cohabitation interreligieuses furent longtemps montrées en exemple. Hélas, depuis 1998, des affrontements éclatent sporadiquement entre communautés chrétiennes et musulmanes et beaucoup d'Indonésiens ne cachent pas leur incompréhension et leur tristesse devant les exactions commises par certains d'entre eux.

Batavia (Jakarta) en 1858, dessin de M. De Molins

Jakarta, la capitale

Dans un dictionnaire du siècle dernier, nous rappelle Roger Vailland, on pouvait lire, de Batavia, rebaptisée aujourd'hui Jakarta : "Batavia, capitale des possessions hollandaises, dans les Indes orientales, sur la côte septentrionale de l'île de Java, par 6° 7' 3" de latitude sud et 104° 27' 58" de longitude est, dans une plaine marécageuse, à l'entrée d'une baie profonde de la mer de Java. Les eaux stagnantes des environs produisent des fièvres qui ont valu à cette ville le nom de Cimetière des Européens."

Un voyageur français, M. De Molins, décrivait ainsi Batavia, en 1857 : "C'étaient partout des arbres gigantesques et des pelouses d'un vert introuvable en Europe (...) Je commence à voir çà et là quelques maisons chinoises. Puis c'est

p. 14 haut : *Vieux Batavia, place Taman Fatahillah et l'ancien hôtel de ville (1710)*
p. 14 bas : *Jakarta, quartiers modernes*

une large rue, où tous les styles d'architecture semblent s'être donné rendez-vous : une quantité de riches voitures y circulent au milieu d'une foule de coolies, de marchands ambulants et de marchandises amoncelées devant des magasins sans vitrine (...) C'est le «vieux Batavia», l'ancienne résidence portugaise que les Hollandais ont consacré exclusivement au commerce (...) Les habitations de ces messieurs sont à deux lieues dans l'intérieur, à Weltewreden (...) Au-delà d'une rivière (...) je passe devant une suite de superbes maisons de campagne (...) aux jardins spacieux, parfaitement tenus, pleins de ces plantes équatoriales d'un aspect féerique (...)"

Aujourd'hui, Jakarta, la première ville d'Indonésie, la plus importante agglomération d'Asie du Sud-Est, compte plus de quinze millions d'habitants, et a perdu cette âme poétique : il reste bien quelques traces de l'atmosphère campagnarde dont s'est émerveillé M. De Molins dans les plus beaux quartiers (Menteng ou Cikini), mais au cœur de la cité, le long des artères principales, Jalan Thamrin, Jalan Sudirman, Jalan Kuningan, ont jailli plus de sept cents immeubles, qui rivalisent autant de hardiesse architecturale que de moderne orgueil. Ces gratte-ciel froids, arrogants, abritant les banques, les ministères, les luxueux bureaux des grandes entreprises, sont cernés, pris en étau par de vigoureux bataillons de baraques misérables. Balayés les poumons de verdure ! Raréfiés, les espaces propres au rêve ! Les tours, les autoroutes sont attaquées par des raz-de-marée de planches et de tôles ondulées, de tuiles et de matériaux hétéroclites qui s'étendent sur une soixantaine de kilomètres. Les efforts d'amélioration des infrastructures ne parviennent pas à éroder ces bidonvilles dont l'accroissement paraît inéluctable.

Les nouveaux riches s'installent dans des quartiers résidentiels surveillés, des "complexes", protégés par des milices et de hauts murs.

Ainsi est devenue la capitale de l'Indonésie, gigantesque et foisonnante. Une jungle artificielle, le long de l'estuaire Ciliwung, plus inhumaine que la naturelle, laminée...

Pour jouir du contraste, revenons en 1857, et relisons l'arrivée de De Molins devant Batavia, à bord du *Nicolas* (son bateau avait quitté Nantes quatre-vingt-seize jours plus tôt) : "Les côtes s'abaissent de plus en plus : ceux qui connaissent Batavia en distinguent la position ; pour moi, je ne vois qu'une immense forêt, sans aucune trace de ville (...)"

L'arrivée à Jakarta ne manque pas d'impressionner. C'est le choc. Depuis l'aéroport, le trajet demande une bonne heure d'autoroute avec une circulation qui devient de plus en plus dense au fur et à mesure que se rapproche le centre. Les faubourgs sont d'inextricables réseaux d'artères, rues, ruelles et canaux, encombrés de véhicules en tout genre, d'une foule affairée, besogneuse, multicolore. Partout des échoppes, des marchands à la sauvette, des maisons basses, bâtiments récents mais inachevés, des cabanes de planches et de tôles, des panneaux publicitaires de toutes tailles. Des ateliers en plein air ou délabrés côtoient des usines modernes. Rugissements des moteurs de camions brinquebalants, klaxons impatients accompagnant des sonos hurlant les derniers airs à la mode, pétarades d'une nuée de deux-roues en folie, cris, rires, fumées, odeurs et pollution généralisée... Bientôt, passé les échangeurs aériens des voies express drainant un trafic automobile régulièrement bloqué dans de gigantesques embouteillages, apparaissent les alignements de tours des quartiers des affaires. De larges avenues quadrillent la Jakarta moderne et clinquante des multinationales, des grandes compagnies et sociétés bancaires, des administrations, avec ses places monumentales, ses parcs, ses quartiers chic, ses buildings de verre et d'acier... Centre névralgique et cœur de la capitale, c'est un monde en perpétuel mouvement qui ne cesse de s'étendre même si la crise que vit ce pays depuis 1998 a mis un sérieux frein aux appétits des promoteurs. Une multitude de jeunes cols blancs, de *golden boys*, de secrétaires élégantes en tailleurs serrés se mêlent aux hommes d'affaires pressés. La vie explose et s'expose : foules d'employés en vêtements de travail, marchands ambulants en *kaki lima*, vendeurs de soupe, de poissons frits, de *satay* appétissants, artisans affairés, mendiants, badauds, étudiants et bandes de gamins facétieux portant

les uniformes de leurs écoles... Modernité et archaïsme se conjuguent sans complexe. Des voitures haut de gamme dernier modèle côtoient des 4x4 frimeurs pilotés par de jeunes play-boys fortunés. Dans des nuages d'oxyde de carbone, des bus ou minibus *oplet* et *microlet*, hors d'âge et fatigués, sont pris d'assaut aux heures de pointe. Slalomant dangereusement, des kamikazes pilotent des engins de toutes sortes, vélos, taxis-motos *ojek*, scooters *bajaj* rafistolés ou autres *becak* qui arborent des décorations très kitsch... Dur d'être piéton dans cette dangereuse foire d'empoigne où règne la loi du plus fort, du plus gros, du plus culotté. Les grands hôtels de prestige, les centres commerciaux étalent un luxe tapageur dans leurs vitrines offrant le top de la mode, le dernier cri de la technologie. Les supermarchés n'ont rien à envier à nos grandes surfaces... Tout ce que le monde moderne produit est, ici, disponible à condition d'en avoir les moyens. Dans cette mégapole de tous les contrastes, en perpétuel mouvement, contre toute logique tout fonctionne avec une étonnante efficacité, car chacun tient sa place, s'investissant à fond dans son rôle... Dans cette fourmilière besogneuse, les *kampung*, sortes de villages encore nombreux et dispersés dans l'immense agglomération, constituent à l'ombre des tours et à la lisière des quartiers modernes des îlots de paix et de calme. La vie y est différente, plus conviviale, rythmée par les cris des enfants et les prières quotidiennes du muezzin. Contrastes encore, avec les quartiers pauvres, vastes zones marginales et misérables où se retrouvent les plus démunis et les laissés-pour-compte d'une société à plusieurs étages. Véritable miroir aux alouettes, cette monstrueuse cité hybride et tentaculaire attire sans cesse, des îles lointaines ou des campagnes surpeuplées, des populations fascinées par la promesse souvent illusoire d'un avenir meilleur. Ici, la misère est partagée, un fort esprit communautaire atténue le poids de la désillusion et la dureté de la vie.

Jakarta ne laisse personne indifférent : on l'aime ou on la déteste. Pourtant, elle mérite que l'on prenne un peu de temps pour découvrir son âme et certains de ses mystères. L'Indonésie se révèle dans ce melting-pot de races, de couleurs, de religions, de traditions.

Jakarta
p. 14 haut : *contrastes : passé et avenir*
p. 14 bas : *quartier des affaires*
p. 15 haut : *quartiers défavorisés dans une ville qui pousse trop vite*
p. 15 centre et bas : *port de Sunda Kelapa*

Monolithes, région de Mahat (Sumatra-Ouest)

Le tohu-bohu de l'histoire

A l'origine, l'*Homo erectus*

Le *Pithecanthropus erectus*, mammifère primate fossile du pléistocène moyen, l'homme-singe debout, dont un fragment de calotte crânienne, découvert en 1891, dans le gisement de Trinil (Java), par le docteur hollandais Eugène Dubois, pourrait-il être l'énigmatique chaînon manquant (intermédiaire entre les grands singes anthropoïdes actuels et l'*Homo sapiens*), si cher au naturaliste anglais Darwin ? Quelques certitudes concernent le célèbre *Homo erectus* (hominidé, sinon homme) du paléolithique : cet habitant de Java utilisait, il y a plus d'un million d'années, le feu (qu'il savait peut-être même allumer !), et combinait des pierres taillées pour construire des outils ou des armes. Il est bien un ancêtre de l'homme moderne.

D'autres *Homo erectus*, plus anciens encore que celui-ci, mis au jour en 1930, à Sangiran, et en 1936, à Mojokerto, laissent supposer que les australopithèques se sont déplacés de l'Afrique vers l'Asie : les premiers sont estimés à 1,5 million d'années au moins, les autres davantage.

Les chasseurs cueilleurs austronésiens

Après le *Pithecanthropus erectus*, dont on ignore comment il a évolué ou disparu (on a retrouvé quelques outils d'obsidienne datant de 10 000 ans seulement), on situe entre 7000 et 1000 avant J.-C. l'arrivée des premiers migrants mongoloïdes, de la famille austronésienne, chasseurs, cueilleurs et agriculteurs. Ils cultivent le taro (arum comestible, dont les racines sont très riches en fécule). Vivant en communautés (villages), ils domestiquent des animaux : chien, buffle, chèvre et cochon, poule. La fin du néolithique est caractérisée par l'élévation de mégalithes. Les plus intéressantes pierres dressées, les plus étranges aussi, représentent des hommes superposés à des animaux qu'ils paraissent dominer. Certaines langues, telles que le mentawaï, le gayo ou le batak, seraient dues à ces peuples.

Les secrets du bronze

Des tambours de bronze, finement décorés, mis au jour à Sumatra, témoignages du savoir-faire chinois (Ier millénaire avant J.-C.), prouvent la continuité des mouvements migratoires et le transfert de techniques particulières, comme celles de la cire perdue et des moules de pierre sculptée.

L'indianisation, l'appât de l'or et le sanskrit

Les hypothèses les plus vraisemblables concernant l'introduction de l'hindouisme et du bouddhisme en Asie du Sud-Est sont relatives à l'attrait progressif du commerce de l'or, des épices et du benjoin (substance aromatique utilisée en parfumerie), à une époque marquée par un puissant rayonnement de l'Inde. (Dans le *Râmâyana*, Svarnadvipa, "l'île dorée", est très probablement Sumatra.)

Les souverains de l'Asie du Sud-Est affermissent donc leur prospérité en acquérant, en échange de leurs épices et de leur or, les bienfaits de la civilisation "éclairante", un art de vivre et surtout le savoir envié des brahmanes : le sanskrit, langue classique utilisée pour les textes sacrés du brahmanisme primitif ou védisme, et diverses connaissances, notamment architecturales, expérimentées dans la construction de temples.

Srîvijaya, Sailendra, Sanjaya, des royaumes de cendre

Vers la fin du VIIe siècle, autour de Palembang (Sumatra) s'étend le royaume bouddhique de Srîvijaya, "victoire glorieuse", dont la bonne fortune couvrira six siècles. Ses navires remarquables, les plus grands bâtiments de la seconde moitié du Ier millénaire, relient étroitement le détroit de Malacca à l'Inde et à la Chine.

Exclusivement tourné vers la mer qui rapproche les richesses des "mondes les plus civilisés" (des textes chinois et arabes l'attestent), le royaume de Srîvijaya engendre, bien malgré lui, de fraternelles rivalités avec d'autres colonies hindouistes et bouddhistes, fixées en Asie du Sud-Est : les Sailendra et les Sanjaya qui, installés sur l'île de Java depuis le début du VIIIe siècle, et maîtres du riz, réclament leur part de voies marines. Edificateurs des temples de Borobudur et de Prambanan, ces royaumes imposent leurs lois à tour de rôle, jusqu'à l'abandon pur et simple de Java-Centre, en 930, date d'un mystérieux et fatidique cataclysme. (Peut-être une tragique éruption du volcan Merapi ?)

Après un transfert vers l'est des survivants, et jusqu'au XIIIe siècle, différents empires se succèdent : une prospérité durable s'impose grâce à l'équilibre atteint entre commerce maritime et économie agricole.

L'empire Mojopahit résulte de cette habile synthèse.

Mojopahit, le temps de l'apogée

Solitaire, j'erre,
Parmi les ruines de Majapahit :
O Divinité, quand donc
Reviendront la grandeur
Et la beauté de ma patrie ?
Je me prends à rêver du passé,
Et me souviens de notre temps.

Ce court poème de Sanoesi Pané, écrit vers 1930, illustre bien ce que représente l'ancien royaume dans l'imaginaire collectif javanais.

Ce dernier empire hindou, le plus vaste (Gajah Mada, premier ministre et chef militaire du jeune roi Hayam Wuruk, aurait réuni sous son contrôle les côtes de Sumatra, Bornéo et Sulawesi, ainsi que les îles de Sumbawa, Bali, Lombok et Maluku), connaît son apogée entre 1365 (mort de Gajah Mada) et 1389 (mort du souverain).

Avant son déclin (qui commence avec le partage des terres en héritage et l'amorce de guerres civiles), cet empire établit de solides liens commerciaux avec la Chine et d'autres pays d'Asie (Viêtnam, Cambodge et Thaïlande). Pour connaître l'essentiel de sa méthode d'expansion

Sculptures aux environs du village de Tegurwangi (Sumatra-Sud)

territoriale, commencée en 1294, et la vie quotidienne à la cour, il suffit de se reporter au *Nagarakertagama*, long poème écrit en 1365 par Prapanca, chantre de Hayam Wuruk.

Dans le sillage du négoce, l'islam

A l'instar de l'hindouisme et du bouddhisme, véhiculés par le système commercial d'une brillante civilisation, l'islam s'installe dans le sillage du négoce des marchands musulmans, indiens ou chinois d'abord, arabes ensuite, qui s'ancrent, dès le XIIIe siècle, dans des ports du Nord de Samudra, "l'Océan" en sanskrit, Sumatra. Progressivement, des sultanats islamiques s'établissent sur l'archipel, accompagnant les succès d'implantation du réseau commercial musulman sur le reste de la planète, en Inde, en Chine et en Europe.

Convertie en 1436, Malacca participe activement, grâce à sa position géographique privilégiée, aux succès de la nébuleuse islamique. Le processus d'expansion profite des déclins d'influence des royaumes hindous. Il touche Java et repousse les vestiges de l'ancienne gloire hindouiste.

Initiée de manière pacifique sur les côtes, la conquête devient agressive pour envahir l'intérieur des terres, chasser vers Bali l'aristocratie javanaise, attachée aux restes scintillants de Mojopahit.

L'islam se répand enfin massivement, ajoutant aux croyances animistes et aux doctrines des brahmanes hindous l'enseignement ésotérique des mystiques soufis, leur poésie délicate et leur ascétisme subtil.

De Malacca à Makassar, de Makassar à Aceh, d'Aceh à Mataram, les routes des fortunes

La conversion des souverains indigènes à l'islam suit au plus près la route des épices, mais Malacca, la clé de l'archipel, tombe aux mains des Portugais, en 1511.

Dès lors, les marchands musulmans, évitant cette gênante enclave chrétienne, sont attirés par trois pôles distincts : le royaume d'Aceh d'abord, dans le Nord de Sumatra, qui restera, au fil du temps, le bastion le plus dur de l'islam ; le port de Makassar à Sulawesi, ensuite (aujourd'hui appelé Ujung Pandang), qui contrôle activement la route des épices jusqu'à l'intervention hollandaise de 1667 ; Mataram enfin, au centre de Java, qui, bien qu'islamiste, s'inspire essentiellement de l'empire Mojopahit.

Conservant bien des couleurs de l'hindouisme, le royaume Mojopahit garde son ancienne confiance dans les usages animistes, tout en montrant de l'intérêt pour les pratiques européennes. C'est l'esquisse de la javanité actuelle.

La soif des Portugais

Quand Alfonso de Albuquerque prend la place forte de Malacca, en 1511, au profit des Portugais (Diego Lopez de Sequeira est déjà passé par là en éclaireur, deux années auparavant), il espère bien démanteler le réseau des commerçants musulmans et contrôler la lucrative route des épices.

Mais la résistance des sultanats (Aceh, Demak, Banten, Surabaya, Makassar) sauvegarde la pérennité de l'islam, tout en limitant le champ d'action des derniers conquérants, qui soumettent (et christianisent) les Moluques et certaines îles de la Sonde.

Grâce à leurs caraques, les Lusitaniens transportent les épices jusqu'au Portugal, où les Hollandais, qui dirigent le marché de l'Europe du Nord, viennent les acheter, à bon prix.

Quand ces derniers se voient l'accès du port de Lisbonne interdit, après 1580 (l'Espagne occupant alors le Portugal), ils décident, puisqu'ils en ont la vente assurée, d'aller chercher les épices à la source…

Hollandais, conquête et colonisation

La longue histoire de la conquête hollandaise en Asie du Sud-Est commence, en 1596, par une expédition tragique, conduite avec la plus échevelée des maladresses par un personnage de roman, Cornelius de Houtman. La mésaventure coûte la vie à pas mal de monde, dont un prince javanais et au moins la moitié des équipages. Soldée par la perte d'un navire flamand sur quatre, l'entreprise défaillante est néanmoins admise comme un succès par les milieux d'affaires hollandais, car la vente de la très modeste cargaison ramenée par les rescapés suffit à couvrir largement les frais engagés.

Dieu pourvoyant à l'âme des morts, de telles équipées peuvent bien se répéter ! Vingt-deux bateaux partent dès qu'il est possible sur les traces des imprudents... Les gains s'avèrent si confortables que, quelques années plus tard, en 1602, est fondée une seule compagnie d'Etat englobant toutes les florissantes compagnies concurrentes : la VOC, Vereenigde Oost-Indische Compagnie, la Compagnie des Indes orientales. Ses bâtiments armés évincent les Portugais d'Ambon et de Tidore, en 1605, mais la concurrence restant forte (avec les musulmans et même les Anglais, attirés eux aussi par l'appât des richesses naturelles), une politique mordante, toute militaire, est décidée, afin d'acquérir le monopole dans les îles des épices.

Jan Pieterszoon Coen, comptable impitoyable et froid, reçoit le haut commandement des manœuvres de positionnement dans l'archipel. Il fixe un premier poste à Jayakarta, qu'il rase en 1618, au détriment d'un prince local, Wijayakrama, afin de fonder, à la place, une ville aux allures flamandes : Batavia (Jakarta).

En 1621, Coen n'hésite pas à massacrer les habitants des îles Banda, afin de s'approprier l'exclusivité de l'exploitation de la noix muscade de la région.

Sur sa lancée sanglante, les Hollandais arrachent Malacca aux Portugais, en 1641 ; leur flotte de guerre s'empare d'une île après l'autre, afin d'y maîtriser toutes les plantations qui les intéressent, (muscadiers et girofliers), sans se soucier des autochtones.

Leur conquête s'achève en 1669, par la prise du port islamique de Makassar. Nusantara, "l'archipel", dépend désormais de leur bon vouloir.

Les Indes néerlandaises

Intervenant dans les luttes intestines entre Javanais, la VOC se rend finalement maîtresse de leur île, où s'éteint le royaume de Mataram. (En 1755, les Hollandais partagent ce qu'il en reste entre les souverains de Yogyakarta et de Surakarta.)

Liquidée en 1799, la Compagnie des Indes orientales, au bout du compte mal gérée et en compétition avec les Européens intéressés par d'autres produits, tels que le thé, le café ou le sucre, ou encore la soie de Chine, abandonne aux Pays-Bas son empire, qui de commercial, devient colonial. On la rebaptise : Indes néerlandaises.

A l'image de son passé, son destin va être chaotique.

Kultuur-stelsel, la "culture forcée"

Les Indes néerlandaises connaissent des débuts difficiles. Un gouverneur, Herman Willem Daendels, met en place, en 1808, le travail forcé : chaque cultivateur est contraint de verser une part de sa récolte à l'Etat ! Cette forme d'exploitation radicale est renforcée un peu plus tard par Johannes Van den Bosch, qui impose carrément la *kultuur-stelsel*, la "culture forcée".

Dans son livre, *Borobudur*, Roger Vailland rapporte à ce sujet les propos édifiants d'un professeur de la Sorbonne, M. Charles Robequain : "Les cultures d'exportation furent étendues, sous la pression des fonctionnaires, au-delà des limites prévues : on en vint à mettre à la disposition des sucreries non pas un cinquième, mais jusqu'au tiers et à la moitié du sol, parfois même la totalité des terres irriguées. Au lieu de soixante-dix jours, on exigea jusqu'à deux cent cinquante jours, et davantage, de travail par an, sans compter les réquisitions non payées pour la construction des routes, des ports, des bâtiments nécessaires au système..."

Réduisant sa colonie en esclavage pur et simple, la politique de Van den Bosch atteint son apogée d'enrichissement vers 1865 : Amsterdam, qui tient alors tout le marché européen pour le sucre et le café, peut se faire belle...

Prospérité et décadence

Pareille prospérité de la classe des gros actionnaires et des armateurs, basée sur le travail obligatoire et les détournements minables de fonctionnaires sous-payés mais complices, ne s'éternise pas : au début du XXe siècle, quand l'unification de l'archipel vient d'être réalisée au prix du sang et de la sueur, la concurrence mondiale bouleverse les règles du jeu. En effet, les capitaux étrangers entrant désormais dans la composition de sociétés anonymes, les travaux sont de moins en moins imposés.

Les entreprises anglo-hollandaises, franco-hollandaises, ou américano-anglaises, etc. s'implantent à leur tour et l'indigène a désormais le choix de s'engager chez le plus offrant. Problèmes humanitaires pris en compte et création d'écoles donnent naissance à une première élite indonésienne. Ces intellectuels posent les inévitables questions sur la légitimité de la colonisation...

Les Indonésiens qui ont accès à l'école hollandaise sont d'abord issus de classes aisées. Chez ces étudiants, fils d'aristocrates, germent rapidement des idées nationalistes.

Au tout début du XXe siècle, une jeune femme, Raden Ajeng Kartini, publie *Letters of a Javanese Princess*, qui reflète cette aspiration encore chimérique à la liberté.

Le parti communiste (PKI, Partai Komunis Indonesia), né après la révolution russe de 1917, et le mouvement Sarekat Islam, Union musulmane, organisent des réunions. Leurs exigences surpassent bien vite les initiatives tardives des Hollandais, acculés par les tendances modernistes : les idéaux d'indépendance supplantent la politique de "voie morale", engagée en 1901.

Rêves nationalistes

En 1927, après de violentes répressions à Java et Sumatra, Sukarno, alors jeune ingénieur, fonde, avec le club d'étude de Bandung, le premier parti politique qui vise l'indépendance, le Parti national indonésien, le PNI. Le "Serment de la jeunesse", *Sumpah Pemuda*, de 1928, établit les bases de la belle unité imaginée : "Un peuple, une langue, une nation."

Peu avant la Seconde Guerre mondiale, tandis que Sukarno et ses proches sont un temps exilés sur une terre éloignée de Java, pour leurs visées "sécessionnistes", l'écrivain hollandais Willem Walraven donne, dans un raccourci significatif, son sentiment relatif au peu d'influence que ceux de sa race ont pu avoir durant trois siècles sur les habitants de l'archipel : "Ce pays provoquera notre perte ou celle de notre descendance. Nous ne parviendrons jamais à changer les Indonésiens. Nous n'avons pas plus d'influence sur eux qu'une égratignure sur un rocher."

Dans la tourmente de l'histoire, les opprimés conservent, sous l'apparence de la soumission ou d'une royale indifférence, leur profonde identité.

L'ombre japonaise

En 1940, l'histoire s'accélère. L'Allemagne envahit les Pays-Bas, mais le gouvernement colonial en exil entend bien rester maître des Indes orientales. Cependant, l'armée impériale japonaise lance, en mars 1942, une offensive éclair en Asie du Sud-Est. Accueillie en libérateur quand elle entre à Batavia, elle en chasse les Hollandais, mais se présente bien vite comme un nouvel exploiteur dénué de scrupules et de pitié, exigeant de la population d'intolérables sacrifices. Sa police, la terrible *kempetai*, ne tarde pas à être redoutée et haïe.

Dans le même temps, adoptant une attitude paradoxale chère aux Asiatiques, les Japonais excitent la fibre nationaliste, abandonnant aux leaders Sukarno et Hatta une part de la responsabilité administrative. Dans la perspective de la défaite de 1944, ils les encouragent franchement à réclamer l'indépendance. Sans doute espèrent-ils quelque reconnaissance de ce soutien attentionné et tardif, comme s'ils pressentaient l'issue fatale de la guerre.

Aujourd'hui, force est de considérer que les Japonais sont poliment tolérés. Leurs exactions ont laissé des traces indélébiles.

1945-1950, les "années de braise"

Le 17 août 1945, Sukarno et Hatta proclament l'indépendance de la république d'Indonésie. Le gouvernement provisoire des Indes néerlandaises en Australie la refuse et suit les troupes anglaises venues prendre acte de la reddition des Japonais.

Avec les Britanniques qui se montrent eux aussi brutaux, avant de quitter le pays en novembre 1946, la situation se détériore. La réoccupation hollandaise se présente mal ; le pays entier se soulève. Le sultan de Yogyakarta, Hamengku Buwono IX, visionnaire, père de l'actuel sultan vénéré, joue la carte de la révolution.

Sukarno transfère la capitale républicaine de Jakarta à Yogyakarta. La lutte pour l'indépendance gagne du terrain et les Hollandais, après d'infructueux essais de différentes stratégies, lancent une furieuse offensive, en juillet 1947, qui leur permet de reprendre Yogyakarta et de repousser les rebelles dans la jungle.

Mais, à ce moment crucial, ils se voient contraints par l'ONU, qui a pris fait et cause pour l'Indonésie libre, à un cessez-le-feu et au renoncement à leur empire colonial : le 27 décembre 1949, l'Indonésie devient nation indépendante, non sans avoir donné aux Etats-Unis les garanties que ceux-ci ont exigées pour leur intervention auprès de l'ONU : refus du communisme et contrôle de certaines matières premières indispensables à la Grande Asie, à laquelle MacArthur et le parti républicain sont désormais favorables. Contraints d'évacuer leurs troupes, les Hollandais, amers, abandonnent à contrecœur leur territoire colonisé, aux frontières artificielles, que les Indonésiens, maintenant réunis sous la même bannière, un drapeau rouge et blanc, vont devoir gérer seuls.

***Merdeka*, «liberté»**

Au bonheur immédiat, s'exprimant dans le mot liberté, *merdeka*, qui fait le tour de l'archipel comme un écho, répété d'île en île, de rocher en rocher, se superpose vite une réalité écrasante : comment forger un véritable Etat avec pareille diversité ethnique et religieuse, de si nombreux héritages culturels, aussi disparates et cloisonnés ? Comment satisfaire les frénétiques besoins d'éducation et de justice, les exigences de toute nature réclamées en cacophonie ? C'est un ouvrage titanesque, un pari impossible. Les premiers responsables confrontés à cette tâche sont totalement dépassés.

Sukarno et la "démocratie dirigée"

La constitution provisoire de 1950 et le système parlementaire calqué sur le système occidental ne firent pas long feu, après la conférence à Bandung des pays afro-asiatiques non alignés (1955).

Poussée démographique, ouvriers non qualifiés, cadres inexistants, contrebande, prolifération de partis, tentatives d'instauration de républiques indépendantes devant la crainte de la domination javanaise (Sumatra, Sulawesi...), courants islamistes, chrétiens, marxistes, fragiles gouvernements de coalition, amènent Sukarno (dont le parti nationaliste, le PNI, gagne les élections de 1955) au concept de "démocratie dirigée" : en 1957, s'appuyant sur les communistes (PKI), l'armée et les musulmans (partis Masjumi et Nahdatul Islam), il s'approprie tous les pouvoirs. Malgré les contradictions flagrantes contenues dans ses discours populistes, il gagne l'adhésion de la majorité des Indonésiens : l'esprit asiatique s'accommode plus facilement que l'occidental de ce qui paraît antinomique.

Mais qui peut s'enorgueillir de réunir tous les extrêmes, être tout à la fois marxiste et musulman pieux, prêchant l'abstinence au peuple en cultivant un goût immodéré pour le pouvoir, le beau sexe et le luxe ?

Le grand *dalang*, le "marionnettiste"

Sukarno peut-il, en effet, à l'image du *dalang*, le "marionnettiste" au discours extasié, tenir en ses mains certes habiles tant de fils, tendus tous azimuts, vers l'extrême droite et vers l'extrême gauche, les nationalistes bon teint, les communistes, les mystiques tenants de la tradition, les modernistes aux yeux tournés vers l'Occident que lui-même rejette, au point de finir par dépendre de l'appui soviétique ou de la Chine ?

La révolution monopolise une énergie d'exutoire puissante, manichéenne, mais bâtir un pays exige un tissu serré de volontés positives et fines, convergentes, doublées d'un sens aigu de l'équité et d'un véritable souci de partage.

En construisant à Jakarta la plus grande mosquée du monde (l'architecte est un chrétien), Sukarno satisfait davantage l'orgueil que le ventre. Surtout quand l'économie s'effondre et que l'inflation ne se jugule plus.

En 1965, "année de tous les dangers" (selon les propres termes de Sukarno), la corruption généralisée et l'échec de plans économiques irréalistes conduisent à une tension explosive.

En faisant la part belle aux communistes dont le succès populaire se confirme, le président inquiète les musulmans, les conservateurs et l'armée, qui, de son côté, lentement, péniblement, se structure, malgré ses courants divergents, une hiérarchie trop récente, basée sur des relations personnelles. Le 30 septembre, six généraux constituant le haut état-major de l'armée de terre sont exécutés lors d'un bien singulier coup d'Etat. (A ce jour, ses véritables instigateurs, communistes selon la thèse officielle, ne sont toujours pas identifiés, et l'on n'a pas de preuves tangibles d'une intervention de la CIA, même si l'on a découvert un document compromettant chez Bill Palmer, un Américain.)

Quoi qu'il en soit, un général miraculeusement épargné, le commandant de la réserve stratégique de l'armée, Suharto, subitement propulsé commandant en chef des armées, profite de l'état de choc, exploite la situation dramatique dominée par le spectre de la vengeance, pour se débarrasser massivement des communistes. Sous son impulsion, c'est la curée : on évalue à 500 000 environ les victimes de cette vague meurtrière ; 250 000 personnes sont arrêtées et emprisonnées. Cette répression s'accompagne d'une flambée antichinoise, car cette minorité ethnique détient une bonne part de l'économie.

Suharto, "l'ordre nouveau"

Autoproclamée "unificatrice, stabilisatrice de la nation", l'armée, apparemment soumise à Sukarno, se présente comme un contre-pouvoir.

Le 11 mars 1966, Sukarno fuit le palais du gouvernement, assiégé par "des troupes non identifiées", en réalité parachutistes sans distinction d'insignes. Affaibli, il "ordonne" à Suharto de "prendre les mesures nécessaires pour garantir la sécurité et le calme, la stabilité du gouvernement et la bonne marche de la révolution, tout en assurant la sécurité personnelle et l'autorité du président". L'ambiguïté scabreuse du bras de fer Sukarno-Suharto se prolonge dans les coulisses du pouvoir durant un an, et, le 11 mars 1967, l'Assemblée du peuple évince Sukarno et nomme Suharto président (par intérim). Sukarno, en mauvaise santé, mourra dans sa maison de Bogor le 21 juin 1970.

Devenu président, Suharto, entouré d'officiers sûrs, impose "l'ordre nouveau" : c'est d'abord "la discipline et la stabilité", corollaires du pouvoir militaire, avec une perspective : le développement. Changeant radicalement de cap par rapport à son prédécesseur, il se tourne délibérément vers l'Occident : le marché est ouvert, les capitaux affluent et les trafics d'influence s'intensifient. Engagés dans le champ politique, les généraux, très vite (ou déjà !) associés à des hommes d'affaires chinois *(tjukong)*, des capitalistes américains et japonais, vont bâtir des fortunes.

Un tigre de l'Asie

L'Indonésie connaît un développement économique foudroyant. Un fantastique réseau d'entreprises privées, créées en partenariat avec des étrangers, dépend de groupes militaires : leur position privilégiée leur confère tellement de droits (accès au crédit, aux concessions, aux contrats, monopoles) qu'ils se placent à tous les points stratégiques.

La puissante compagnie pétrolière Pertamina, confiée à une série de généraux, et auréolée de divers scandales financiers, reste étroitement liée à la famille Suharto. Les principaux associés de Suharto, les Chinois Liem Sioe Liong (appelé aujourd'hui Sudono Salim) et Mohamad "Bob" Hasan comptent parmi les hommes les plus riches du monde.

Les membres de la famille Suharto se retrouvent actionnaires d'un nombre incroyable de sociétés : importation, production, distribution, banques, hôtellerie, ciment, acier, bois, caoutchouc, épices, cigarettes (la fameuse *kretek*, au clou de girofle), transports, automobiles, pétrole, gaz naturel, télécommunications, etc.

Une partie de leurs gains faramineux profite au "peuple enfant" : du slogan *mencerdaskan bangsa*, "rendre intelligente la nation". Un effort colossal est réalisé dans le domaine de l'éducation : 90 % des enfants de 7 à 12 ans sont scolarisés et le taux d'alphabétisation approche les 80 %.

L'enseignement n'est pas gratuit, toutefois, et il existe de nombreuses écoles privées, souvent tributaires de mosquées ou d'églises.

La plus prestigieuse université est celle de Yogyakarta (Gajah Mada), et la plus importante se trouve dans la capitale (UI, Universitas Indonesia). L'ITB de Bandung (Institut teknologi) a également ses lettres de noblesse.

En route pour l'école

La fin des illusions

La capitale reflète à elle seule l'effroyable fossé qui sépare riches et pauvres : la lèpre des taudis côtoie le luxe tapageur. La politique économique, la corruption qui gangrène tous les étages du système, l'incompétence, les détournements de fonds laissent croître cette intolérable pauvreté.

Pendant que Siti Hartinah, Mme Suharto, surnommée Tin, par les Indonésiens eux-mêmes (entendre Tin pour cent !), mène rondement les affaires familiales, leurs enfants développent un appétit immodéré pour les marchés protégés. Bambang, Tommy et Tutut se taillent des parts gargantuesques dans des conglomérats et autres industries. A la mort de leur mère, en 1996, leur fièvre de possession, connue de tous, fait grincer bien des dents.

L'Organisation mondiale du commerce (OMC), s'en prenant aux "protections nationales déloyales", bouleverse la donne. Les financiers ne peuvent plus soutenir "l'entreprise" de la famille Suharto ni celles de ses satellites. Contraint de lâcher du lest, le vieux chef libère le système bancaire : en 1997, le nombre des banques, multiplié par vingt (de dix à deux cents), annonce à lui seul le déséquilibre à venir. Les emprunts explosent, l'immobilier flambe, les bourses s'emballent. Devant d'aussi périlleuses conditions, les capitaux étrangers, qui avaient largement contribué à surévaluer la *rupiah*, refluent, provoquant la déroute.

Pour éviter la faillite, le FMI doit intervenir. Il commande la fermeture de seize banques et donne un coup d'arrêt aux subventions accordées pour les produits de première nécessité. C'est la panique. Au début de 1998, le chômage atteint des taux record, l'inflation galope, la colère gronde. L'Indonésie est tenue de se plier aux exigences de la communauté financière internationale.

Démocratie, chemins tortueux

Mai 1998 sonne le glas du règne Suharto. Après trente-deux années de pouvoir et un septième mandat présidentiel, le vieux chef, lâché par les Américains, démissionne. Le vice-président Yusuf Habibie lui succède. La prolifération de partis qui s'engouffrent alors dans la perspective du changement (plus de cent !) annonce-t-elle la démocratie ? Rien n'est moins sûr : d'un côté, les organisations musulmanes, galvanisées (avec, on peut le soupçonner, l'arrière-pensée de former un Etat islamique), se hâtent sur la scène politique où demeurent quelques piliers de l'ancien régime, de l'autre un prolétariat sans repères menace la sécurité générale. Seul un Etat fort peut éviter le séisme. Le *Pancasila* a des chances de résister.

Même si l'idée de réformer les structures étatiques, de les épurer, a conquis les esprits (le PDI-P (PDI-Perjuangan), Parti démocratique indonésien, en lutte, conduit par Megawati Sukarnoputri, la propre fille de feu Sukarno, gagne chaque jour du terrain), la voie indonésienne semble, comme toujours, être celle du compromis, l'armée restant seule garante de l'unité nationale. Tant que les citoyens de ce pays ne se seront pas dégagés avec conscience de la léthargie fatale d'un système trop paternaliste, la démocratie se hasarde probablement à rester encore un peu... dirigée.

Becak *à Yogyakarta (Java-Centre)*

Risques de balkanisation de la mosaïque indonésienne

Sur fond de convulsions économiques donc, et devant la vague montante du PDI, le président Yusuf Habibie tâtonne autour d'embryons de réformes démocratiques, donne le choix au peuple du Timor-Oriental entre une autonomie étendue ou (un rejet signifiant) l'indépendance...

"Après un vote massif en faveur de l'indépendance, le 30 août 1999, les milices, soutenues par l'armée, détruisent tout, tuent 10 000 personnes (selon l'évêque Ximenes Belo, prix Nobel de la paix), en déportent 300 000 vers le Timor-Occidental."

Le 20 septembre, un mois avant que l'Indonésie choisisse un nouveau président, une force multinationale, mandatée par l'ONU (Interfet), intervient enfin au Timor-Oriental martyrisé.

Ailleurs, les risques d'implosion sont grands ; des revendications autonomistes concernent de nombreux points clés de l'archipel : Sumatra... où, dans la partie nord, Aceh se trouve aux prises avec un mouvement que l'on associe volontiers à une poussée islamiste, mais qui tient peut-être à d'autres causes, notamment aux atrocités commises par l'armée lors de l'imposition d'un statut de zone d'opérations militaires, de 1985 à 1995, qui ont fortement alimenté la sympathie de la population pour une solution séparatiste. Kalimantan... où les Dayak, victimes d'une active politique de *transmigrasi*, "transfert de population", supportent de plus en plus mal l'arrogance et l'autoritarisme madurais. (Les problèmes entre population locale et Madurais, qui ont une culture et un tempérament durs et sévères, sont d'ailleurs fréquents dans d'autres régions.) La présence des Madurais à Pontaniak date de plusieurs générations, mais ils n'ont jamais pu ou su s'intégrer, au contraire des communautés malaise, chinoise et même javanaise, qui ont parfois forgé des alliances avec les Dayak pour les éliminer.

Les Moluques... où les chrétiens restent réfractaires à l'implantation systématique de mosquées et où la répartition religieuse est à l'avantage des musulmans. L'antagonisme entre les deux communautés existe depuis longtemps, les chrétiens bénéficiant des meilleurs postes dans l'administration lors de la domination néerlandaise, les musulmans prenant leur revanche avec l'arrivée de l'ordre nouveau. Attisé par les militaires, le conflit a abouti à diviser la province, avec commerces et transports séparés pour musulmans et chrétiens.

Irian Jaya, enfin... où les Papous, aussi "chahutés" sur leurs monts embrumés que les Indiens d'Amazonie dans leurs marécages, demandent la même paix légitime, la levée d'une tutelle imposée, de plus en plus agressive et possessive.

Les élections générales du 7 juin 1999 donnent au PDI-P 33,7 % des suffrages exprimés pour Megawati Sukarnoputri, une bonne avance sur le Golkar du président Habibie qui n'obtient que 22,4 % des voix (50 % de moins qu'en 1997 !).

Surprise ! Le dirigeant musulman modéré Abdurrahman Wahid, qui a pour surnom familier Gus Dur, est élu quatrième président de la république d'Indonésie, par 373 voix contre 313 à Megawati Sukarnoputri ! Abdurrahman Wahid a hérité de son père et de son grand-père la présidence d'une association d'oulémas, Natladul Ulama, qui compte environ trente-cinq millions de membres. Megawati Sukarnoputri semble tenir en estime cette rassurante personnalité, mais sait-on vraiment ?

"Le duel entre ces anciens complices, écrit Jean-Claude Pomonti dans *Le Monde* du 21 octobre 1999, tous deux populaires, attachés aux libertés et modérés, constitue probablement une victoire contre l'autoritarisme pratiqué pendant plus de trente ans par le régime du général président Suharto. Certes, le nouveau président devra s'entendre avec l'armée, qui demeure au centre de la vie publique..."

"La démocratie, assure Gus Dur, ne peut être nourrie et développée que par ceux qui en comprennent l'essence..." Le nouveau président saura-t-il communiquer au plus grand nombre son esprit de tolérance religieuse et ethnique, et promouvoir une distribution plus équitable des fabuleuses richesses du pays ou perdra-t-il la partie au profit des tenants de la force ?

A l'ombre du Merapi (Java-Centre)

Java, le cœur du monde

Immense ou minuscule, chaque île a son caractère, ses singularités, ses parfums, son histoire.

C'est sur Java que mes "aventures" indonésiennes ont commencé, au volant d'une voiture. Conduire, dans ce pays, est déjà une expérience en soi, car sur la route il faut s'accrocher ! C'est chacun pour soi… et Allah pour (presque) tous ! Les Indonésiens ne sont pas, en général, des accros de la vitesse, mais ils ont une manière très particulière d'interpréter le code de la route. Les maîtres du macadam sont sans conteste les camions, les bus, dont certains au confort très variable sont maniés par de redoutables chauffeurs. Les minibus nerveux, bondés, s'arrêtent n'importe où, repartent vivement sous votre nez... Les transports collectifs routiers, peu onéreux – à la différence des avions des lignes intérieures – et très pratiques, ont la faveur des Indonésiens qui n'hésitent pas à les emprunter à la moindre occasion et souvent sur de longues distances. Les grands événements, les fêtes religieuses ou familiales, congés, mutations et vacances scolaires provoquent de véritables migrations humaines. La circulation sur les grands axes ne s'arrête jamais et je ne peux que vous encourager à emprunter les bus des compagnies sérieuses. Vous découvrirez une étonnante et efficace organisation avec arrêts techniques, haltes dans des relais routiers, parfois véritables caravansérails, où tout est prévu pour se nourrir, se détendre, se rafraîchir et prier.

D'une manière générale, l'anglais, en dehors des villes et des régions touristiques, n'est pas d'un grand secours, car peu pratiqué. Acquérir les bases du *bahasa indonesia*, la langue nationale, est le moyen le plus sûr de se rendre véritablement autonome, d'établir des contacts. Et cependant, même le *bahasa*, pourtant un des éléments d'unification des différentes populations de l'archipel, n'est pas parlé ni compris partout et certains habitants s'expriment encore dans leur idiome ou dialecte maternels.

Centre névralgique de cette mosaïque de cultures : Java. L'île mère envoie dans tout l'archipel fonctionnaires et colons par milliers pour gérer et occuper des régions sous-peuplées. Elle concentre les forces du pouvoir et de la politique qui prennent toutes les grandes décisions... Si elle fait rêver, elle suscite aussi le mécontentement de nombre d'habitants des autres îles qui lui reprochent d'accaparer et de tirer profit d'une bonne partie de leurs richesses, son centralisme extrême, son autoritarisme...

Avec ses 1 000 kilomètres de long et ses 180 kilomètres de large, peuplée de 120 millions d'âmes (plus de 60 % de la population indonésienne), réparties sur les terres cultivées (70 % de la surface), autour d'une chaîne volcanique ininterrompue, Java, île maîtresse quatre fois plus petite que la France, île capitale, compte 750 habitants au kilomètre carré, 1 200 dans les zones les plus fertiles (la plus forte densité au monde) ; elle est le cœur géographique et politique du pays.

"La mortelle, la féconde, la divine Java, disait d'elle Michelet, au XIXe siècle... avec ses volcans cannelés, ses orchidées empoisonnées, ses terribles tigres noirs, toutes les nourritures des cinq mondes, mais aussi tous les excitants : alcool de sucre, tabac, café et les violentes épices."

Le berceau de la culture javanaise se situe dans la région de Yogyakarta, Daerah Istimewa, la où se dresse le temple bouddhique de Borobudur, dans la plaine de Kedu, sous les découpes bleues des montagnes de Menoreh et des volcans Merbabu et Merapi... à une courte distance de Surakarta, où le divin Semar a planté un clou pour fixer l'île !

Yogyakarta a l'allure d'une ville de moyenne importance malgré son étendue et son trafic intense : en effet, la proximité du volcan Merapi (son cratère se trouve à 29 kilomètres de la cité) y interdit la construction d'immeubles imposants. Ses maisons basses, souvent entourées d'arbres, entretiennent, dans les *kampung* (quartiers, villages urbains) périphériques une atmosphère douce et accueillante, propice à la flânerie.

A l'image du *kraton* (le palais du sultan), les habitations traditionnelles comprennent généralement plusieurs bâtiments : le *pendopo*, pavillon entièrement ouvert, servant aux réceptions ; le *pringgitan*, pièce utilisée pour les fêtes ; le *griya ageng*, logement proprement dit, composé de trois ou quatre pièces, dont les chambres. A l'arrière, se trouve la cuisine *(pawon)*, séparée du corps d'habitation.

Dans la région de Yogyakarta, les arts traditionnels sont particulièrement préservés : on y rencontre un nombre incalculable d'ateliers de batik, d'orchestres de gamelan (dans les hôtels et les lieux réservés à cet effet, l'on peut entendre chaque jour, toute l'année, ces instruments de percussion), de spécialistes du théâtre d'ombres, habiles et réputés, de potiers, de sculpteurs et de peintres, d'orfèvres, de troupes de danseurs, formés dans des écoles locales ou au *kraton*.

Dans la cour du kraton *de Yogyakarta (Java-Centre)*

Le *kraton* (Ngajojakarta-Hadiningrat) occupe le cœur de la ville ancienne ; il était jadis entouré de hauts murs, dont il reste quelques vestiges, ainsi que des portes monumentales. Chaque élément qui le compose, pavillons, plantes, passages, cours (on en compte sept), a une signification symbolique ; l'ensemble, sorte de miroir du cosmos, est le lieu idéal pour l'implantation du pouvoir temporel et spirituel.

Autrefois, de splendides jardins chinois et un lac artificiel (aujourd'hui disparus) étaient associés au palais. Dans son ouvrage *Babel ruinée*, Jacques Dumarçay décrit, avec une délectation savante, le Taman Sari, où se trouvaient les bains royaux : "Ce parc s'étend sur une douzaine d'hectares ; il est composé de bassins et de fontaines auxquels on accède par des allées bordées de murs qui déterminent des éléments différents, des espaces pour les épices ou les arbres fruitiers, mais ce qui est le plus frappant, c'est l'accès à l'île Kenongo située au milieu d'un très vaste bassin du niveau supérieur ; on peut voir, sur les berges, des embarcadères d'où l'on pouvait prendre un bateau pour se rendre dans l'île mais on pouvait la gagner également par des passages subaquatiques. Grâce à ceux-ci, et à ceux-ci seulement, on atteignait aussi une mosquée dont la circulation interne est tout à fait particulière. On parvient au niveau inférieur par l'un des passages subaquatiques et au niveau supérieur, le seul qui soit hors des eaux, par un système d'escaliers complexe qui place le visiteur au-dessus d'un puits rempli d'eau. Il existe également toute une série de couloirs et de petites lucarnes qui permettaient de voir sans être vu. Le jardin chinois donne au spectateur le sentiment qu'il domine le paysage que lui-même compose en se déplaçant dans l'espace clos, chaque point de vue révélant un aspect différent de l'ensemble."

En matière d'architecture, l'influence hollandaise se fait relativement peu sentir à Yogyakarta. Elle est davantage présente à Jakarta qui fut construite sur le modèle d'Amsterdam ; elle est aussi significative à Bandung, la "cité fleurie", où ont été élevés bon nombre de bâtiments inspirés de l'art déco.

Située à 700 mètres d'altitude, dans un cirque de volcans, Bandung, fraîche et gaie, fut, dans les années trente, une ville à la mode, petit Paris javanais, où de riches planteurs installèrent leurs demeures secondaires dans l'esprit du moment, la pureté linéaire et géométrique du néoclassicisme, le cubisme, le futurisme aux rythmes saccadés : 600 immeubles, dont le Savoy Hoffmann Hôtel, le Gedung Sate ou la Villa Isola rappellent les réalisations spectaculaires de l'Exposition coloniale de 1931, les récents palais de Chaillot, ou musée d'Art moderne de la Ville Lumière. Bâtisses aux formes abstraites, agrémentées de bas-reliefs stylisés, apportent à Bandung un charme très particulier. Mêlées aux exigences tropicales, se devinent les formes géométriques lancées par Jean Dunand, Pierre Charreau ou Marcel Coard.

Dans l'Est de Java, la ville de Surabaya (dite Kota Pahlawan, "ville des héros", depuis 1945, en hommage à ceux qui combattirent courageusement les forces coloniales), comptant plus de quatre millions d'habitants, peu touristique, mérite pourtant un regard attentif... Ses quartiers yéménite et chinois sont extrêmement intéressants : le tombeau de Sunan Ampel (saint de l'islam), et les temples chinois Hong Tik Hian et Hok An Kiong sont d'une beauté singulière.

L'essentiel de la ville moderne, en revanche, encombrée de véhicules à moteur, manque outrageusement de caractère.

haut : *Jakarta,* kaki lima *du marchand de fruits*
bas : *Location de jeux informatiques*

Au cœur de Yogyakarta, Jalan Malioboro

Yogyakarta, Pasar Ngasem (marché aux oiseaux)

La mémoire de la terre

On reste stupéfait et admiratif devant la spectaculaire mise en valeur de régions entières. Partout où cela est possible la terre est domestiquée, travaillée.

Avec les alternances de pluie et de soleil, une chaleur de serre tout au long de l'année, un savoir-faire, une infinie patience, d'innombrables générations de paysans ont réalisé des prodiges. A la vue de cette richesse on comprend mieux les raisons qui ont attiré très tôt les aventuriers, soldats, moines, missionnaires et marchands en tout genre. Bois précieux et rares des forêts tropicales, fameux épices et aromates, ont suscité, jadis, bien des convoitises.

Les rizières : la sérénité millénaire

Ici,
L'homme au savoir immémorial
Grave des miroirs liquides, prodigues de silence.

J'écrivais ces mots pour "accompagner" un dessin du peintre Jean Arène, représentant des rizières, dans l'ouvrage *Indonésie, nefs des dieux*. Ils souhaitaient traduire l'ambiance poétique de ces lieux étonnants, au pouvoir de séduction si particulier.

Si la forêt tropicale, attaquée de toutes parts, pillée, disparaît à un rythme effrayant, les rizières, elles, subsistent, préservées dans les zones les plus fertiles.

Après les gros et lents travaux nécessaires à la création d'escaliers de géants, comptant parfois plus de mille marches mises en eau, leur entretien maniaque qui a duré plus de deux millénaires nécessite toujours une attention jalouse de tous les instants. Sur les sols riches de dépôts volcaniques de Bali, de Java et de Lombok, s'étagent, jusqu'à huit cents mètres d'altitude, les terrasses inondées, que l'on appelle *sawah*. Depuis les premières lueurs de l'aube aux ultimes feux du soir, toute l'année, l'on aperçoit, englués dans la boue jusqu'aux genoux, les repiqueuses en chapeau conique, penchées sur le miroir d'eau, les hommes, demi-nus, arrachant les mauvaises herbes, surgies parmi les jeunes pousses ou, armés de bêches, rebâtissant les bordures, les étroits murets fracturés d'ingénieux systèmes de canaux, de terre ou de bambous.

Ces rizières étagées reçoivent, même en saison dite sèche, de l'eau en abondance, grâce aux nuages qui s'amoncellent sur la barrière volcanique. Cette eau, dont la teneur en substances nutritives et en bactéries aide l'imprégnation de l'azote, garantit des récoltes assurant l'autosuffisance en riz du pays. Allant de pair avec son intelligente gestion, car l'on sait stocker, économiser, distribuer l'eau équitablement, la température, toujours élevée, facilite naturellement la croissance des plantes, comme dans une serre.

En plaine, dans les terrains qui ne sont arrosés que par la mousson, des cultures moins exigeantes alternent : c'est le cas du tabac, souvent, du maïs ou du manioc.

Les flancs des volcans, minutieusement sculptés de ces bassins peu profonds où l'on peut voir en même temps le riz à toutes les périodes de sa croissance, sont si choyés que pas un pouce de terrain n'est laissé en liberté. Sur ces gradins, où le soleil et la lune se mirent alors que le riz est en herbe, apparaissent au fil du temps des nappes soyeuses d'un vert intense, presque phosphorescent ; ces tapis s'amenuisent au fur et à mesure que l'on monte, jusqu'à prendre, dans les derniers degrés, la largeur d'une main.

De ces perchoirs suspendus sous les laves convulsées, aux limites de la jungle, l'on surplombe les sinueux drapés épousant les courbes de niveau, tout en profitant des innombrables cascatelles qui, par leurs murmures, leurs chuchotis, participent à l'harmonie générale. Comme le poète sumatranais Takdir Alisjahbana, l'on a, alors, tout le loisir de goûter une "félicité sans mélange" :

"Une fois arrivé au sommet recouvert par le ciel, la clarté s'étend et, regardant la vallée lointaine que j'ai laissée en bas, je me sens rafraîchi tandis que mon sang se remet à couler (...) La lumière triste et angoissante de dessous les arbres fait place à la joie d'un vert jeune qui folâtre dans un flamboiement de rayons d'or (...) De ce lieu élevé, dans Ton souffle vivifiant et Tes rayons purs, ô Seigneur, tout n'est que félicité sans mélange."

Des buffles et des hommes

Sur ces terres cultivées, où cliquettent parfois des mécaniques de bambou, *pinjekan*, astucieuses crécelles éoliennes, enfantines clochettes de bois censées chasser les mauvais esprits et les oiseaux voleurs, point de tracteurs, point d'engins mécaniques pétaradants, mais seulement des hommes, en permanence, des buffles. Ces puissants et paisibles animaux, d'une rassurante lenteur, attelés à des charrues archaïques, tournent sans cesse dans la terre liquide, lorsque, les moissons accomplies, il est temps de remuer le sol et de l'égaliser pour préparer le repiquage.

Les femmes à "la main fertile" viennent derrière eux enraciner les jeunes plants, sortis serrés dans des "pépinières", d'une surface équivalant au dixième des champs. Les femmes, toujours elles, debout les premières, avant le jour, et couchées les dernières, une fois les ultimes travaux ménagers effectués, assurent également la récolte lorsque les épis sont mûrs et les bassins asséchés ; elles coupent les tiges à l'aide d'un petit instrument de bois muni d'une lame tranchante, appelé *ani-ani*, séparent le grain de l'ivraie, portent les sacs sur leur dos dans les réserves et les greniers.

Rites, cérémonies et fêtes accompagnent tous les moments importants de la croissance de la plante miraculeuse, des semailles à la moisson, et même après, lorsqu'on la consomme. A Bali, des offrandes de fruits et de fleurs sont apportées chaque jour aux autels de Bhatari Sri, la déesse du riz, dressés dans les champs.

Sols pauvres

Ne nous y trompons pas : toutes les îles ne possèdent pas, loin s'en faut, cette luxuriance ! Sur une partie de Sumatra, de Kalimantan, de Sulawesi, de certaines petites îles de la Sonde, là où l'on pratique le *ladang*, la culture sur brûlis, les plantations, plus aléatoires, sont soumises aux caprices du temps, car le sol, fissuré par la férocité du soleil, perd ses substances nutritives.

Les *ladang* occupent une superficie totale de près de trois millions d'hectares, dont un million à Sumatra et un million et demi répartis entre Sulawesi et Kalimantan.

L'écrivain indonésien Zulharman, né à Bukittinggi, Sumatra-Ouest, a décrit, dans une nouvelle intitulée *Saison sèche*, les effets de la cruelle insuffisance en eau sur le moral des hommes : "Il n'y avait que quelques semaines à peine que l'on avait repiqué les jeunes plants, et l'eau manquait déjà ; la terre se craquelait, les feuilles, bien qu'encore toutes jeunes, commençaient à jaunir et à se flétrir. C'était le signe que la moisson serait mauvaise, et les paysans étaient prêts à faire n'importe quoi pour sauver la récolte dont leur vie dépendrait durant une année entière."

L'auteur raconte comment les plus démunis en eau remontent "vers l'amont des canaux pour chercher les endroits où l'on avait intercepté l'eau, et détruire les obstacles". Ainsi des rivalités opposent les villages...

"... les flancs des volcans, minutieusement sculptés..."

p. 36 : *(Java-Centre)* ; haut : *"Femmes à la main fertile", cueillette de piments* ; centre : *Préparation des échalottes* ; bas : *Récolte de choux*

"... un incessant travail de la terre..."

"... et une infinie patience..."

Familles de pêcheurs à Pangandaran (Java-Centre)

Port de Pelabuhanratu (Java-Ouest)

Bukit Barisan (Sumatra)

Sumatra, l'empreinte des ancêtres

Débarquant d'un des très nombreux ferries qui effectuent, jour et nuit, la traversée entre les terminaux de Merak (Java) et de Bakauheni dans l'Extrême-Sud de Sumatra, je m'attendais à trouver une terre sauvage et de grandes forêts tropicales... La réalité se révéla bien différente... En remontant la fameuse Trans-Sumatra qui parcourt toute l'île sur plus de 2 000 kilomètres et construite après des années d'efforts et de prouesses, je découvrais un monde en pleine mutation, des paysages apprivoisés, des villes modernes. Cependant, au fil des kilomètres, mes désillusions ne tardèrent pas à s'effacer.

On ne sait pas grand-chose sur les premiers habitants de Sumatra. Les maigres informations archéologiques ne permettent pas de s'en faire une idée précise même si des vestiges d'outils en silex, de pierres taillées, attestent d'une présence de populations vivant de la chasse, de la cueillette et de la pêche. Bien des découvertes sont encore à faire... Pourtant, très tôt, des voyageurs, des moines bouddhistes, chinois notamment, signalaient déjà ce pays fascinant. Depuis longtemps aussi, ressources naturelles et sols fertiles ont fait la réputation de l'île, contribuant à la naissance et à l'enrichissement de comptoirs, cités portuaires, de centres politiques et culturels, sultanats et royaumes. Le plus puissant d'entre eux fut celui de Srîvijaya qui connut son apogée vers le XIe siècle. Or, argent, ivoire, pierres et bois précieux, encens, épices (poivre surtout) favorisèrent le développement d'un vaste commerce maritime avec les pays de la région. Certains, aussi éloignés que la Chine, l'Inde, la Perse, apportèrent cultures et religions (bouddhisme, hindouisme puis islam).

Actuellement, avec des ressources naturelles variées, le poids de Sumatra dans l'économie indonésienne devient, chaque année, plus important. En plus des cultures vivrières traditionnelles, où excellent les populations locales, d'immenses plantations de tabac, d'hévéas et de palmiers à huile prennent une place prépondérante. Le sous-sol est tout aussi riche et prometteur. L'exploitation d'importants gisements de charbon, de gaz naturel et de pétrole transforme des régions entières comme celles de Palembang (Sumatra-Sud), de Jambi (Sumatra-Centre) ou de Medan, la plus grande ville de l'île comptant un peu plus de 2 millions d'habitants (Sumatra-Nord).

LE PALMIER A HUILE EN INDONÉSIE

Une bien curieuse et magnifique histoire

LES ORIGINES

Le palmier à huile comme son nom latin, *Elaeis guineensis*, l'indique est originaire de la zone forestière du golfe de Guinée en Afrique et déjà trois mille ans avant notre ère son huile extraite des fruits était utilisée. En effet dans les populations naturelles ou sub-spontanées de cette plante du Sénégal à l'Angola son huile a été exploitée par les indigènes jusqu'à donner à cette région le nom de côte des Graines.
Il semble selon certains qu'avec l'abolition de l'esclavage par la France au cours de la révolution de 1848 l'attention des négociants ait été attirée par les peuplements de palmier à huile comme source de revenus.
C'est en effet très curieusement à cette date que l'histoire du palmier à huile en Indonésie commence. Au cours de 1848, après un long voyage de l'Afrique de l'Ouest *via* l'île Bourbon, maintenant île Maurice, et aussi Amsterdam, quatre palmiers, dont l'un existe encore, sont plantés au Jardin botanique de Bogor dans l'Ouest de Java. Leurs graines allaient donner naissance aux grandes plantations.
L'Indonésie est ainsi à l'origine de la culture industrielle moderne du palmier à huile en Asie du Sud-Est et de son développement mondial.

LE DÉVELOPPEMENT

Dix ans plus tard, les descendants de ces palmiers furent distribués d'abord à titre ornemental dans les différentes îles de l'archipel, puis très rapidement après 1860 ont fait l'objet de petits essais de culture par l'administration hollandaise en particulier dans l'Ouest de Java et dans le Nord de Sumatra dans le district de Deli. Mais les procédés d'extraction de l'huile étaient alors rudimentaires et son utilisation alimentaire peu connue, et la culture est abandonnée jusqu'au début du XXe siècle.
Les premières plantations industrielles de palmier à huile, suite à l'introduction de machines mieux adaptées et à une meilleure maîtrise des cultures, débutent en 1911 dans le Nord de Sumatra.
La Première Guerre mondiale ralentit la culture du palmier à huile. C'est entre 1920-1940 que les plantations s'agrandissent rapidement. A Java la culture ne se développe pas car les conditions agro-climatiques de Sumatra sont beaucoup plus favorables avec des rendements pouvant atteindre 20 tonnes de régimes à l'hectare, soit près de 3 tonnes d'huile, le palmier à huile se révélant ainsi l'oléagineux le plus productif à l'hectare.
Dans le même temps se multiplient les plantations industrielles d'arbre à caoutchouc, l'hévéa, originaire d'Amérique du Sud. La culture du palmier à huile devient ainsi une alternative à celle de l'hévéa lorsque celle-ci est en crise et vice versa.
Après la Seconde Guerre mondiale et suite à une situation instable en Indonésie, il faudra attendre 1970 pour que les plantations retrouvent leur productivité d'avant-guerre et une nouvelle expansion.

L'EXTENSION

En 1967 la superficie plantée est de 105 909 hectares, dont 65 573 hectares pour les plantations gouvernementales et 40 235 hectares pour les sociétés privées, la production restant en dessous de celle de 1940.
A partir de 1968 le gouvernement indonésien favorise la culture du palmier à huile, incitant les investissements privés et organisant le secteur villageois, qui était inexistant, en liaison avec les projets de transmigration de Java vers Sumatra, Kalimantan et Sulawesi. Les superficies doublent en dix ans, celle des plantations privées augmentant de 52 000 hectares. L'opération étant reconduite, une extension supplémentaire de 283 000 hectares est obtenue sur les plantations gouvernementales en 1989. En 1980 le secteur villageois était encore faible avec seulement 3 125 hectares. Il passe à 224 000 hectares dix ans plus tard avec l'aide des plantations gouvernementales. De 1980 à 1990 la superficie des plantations a augmenté de 283 %.
De 1990 à 1995 la superficie s'accroît encore de 73 %. La répartition des surfaces change et, en 1996, 33 % appartiennent au secteur villageois, 48 % au secteur privé et seulement 19 % au secteur gouvernemental.
Avec la continuation des extensions dans les autres îles, les superficies atteignent 2 461 827 hectares fin 1997 répartis sur seize provinces à travers le pays (79 % à Sumatra, 17 % à Kalimantan, 4 % à Sulawesi).
La production, bien qu'une grande partie des plantations soient encore jeunes et n'aient pas encore atteint leur plein potentiel, augmente régulièrement pour atteindre 5 385 458 tonnes en 1997.
Malgré la crise économique et politique que traverse le pays, l'Indonésie avec 210 millions d'habitants est le plus grand consommateur mondial d'huile de palme. De plus avec actuellement de meilleurs croisements, un coût de main-d'œuvre très compétitif et encore des surfaces disponibles, l'huile de palme en Indonésie peut être produite à un prix très concurrentiel.

LA CULTURE

Dès les premières plantations la sélection a été faite sur les arbres les plus producteurs de Bogor et plantés dans le Nord de Sumatra, la production de gros régimes étant le critère retenu. Ce matériel Deli *Dura* a été croisé à partir de 1950 avec de nouveaux matériels d'origine africaine, *Tenera*, et plus tard *Pisifera* en 1960. Par amélioration génétique le croisement de ces variétés produisant des hybrides

inter-origines assure un haut rendement à l'hectare. Les graines produites après germination en laboratoire sont mises en sac de plastique en pépinières. Après un an les plants obtenus sont installés en champ à raison de 130 à 160 à l'hectare. Ils commencent à produire à 3 ou 4 ans et à 6-8 ans atteignent leur plein rendement, qui reste à ce niveau jusqu'à une vingtaine d'années. Après 25 à 30 ans les plantations sont renouvelées non parce qu'elles ne produisent plus mais parce que la hauteur des palmiers, environ 12 mètres, finit par rendre la récolte manuelle des régimes, avec les longues perches en bambou équipées d'une faucille, très difficile.
Le palmier à huile, culture pérenne, doit être planté à proximité de l'équateur à une température toujours supérieure à 20 °C et à une altitude inférieure à 500 mètres pour bénéficier d'une humidité de l'air aussi élevée que possible, d'une pluviométrie bien répartie au cours de l'année d'au moins 150 mm/mois. Il exige une bonne qualité de sol et des applications d'engrais déterminées par diagnostic foliaire. L'Indonésie présente les conditions idéales pour sa culture.

PRODUCTION DE L'HUILE DE PALME

Les fleurs du palmier à huile apparaissent séparément mais sur le même arbre sous forme d'inflorescences mâles et femelles à l'aisselle des feuilles. Les fleurs mâles produisent le pollen et les fleurs femelles des fruits. Ces fruits forment un régime de 30-50 centimètres de long et 35 centimètres de large pouvant peser de quelques kilogrammes jusqu'à 50-100 kilos selon l'âge de la plante et les croisements, en moyenne 10-30 kilos avec quelque 1 500 fruits pour le matériel actuellement sélectionné. Sur la même plante il y a production d'inflorescences continue avec alternance de cycles mâle et femelle. La pollinisation est ainsi croisée entre inflorescence mâle et femelle de palmiers différents. A partir de l'anthèse le régime est mûr en six mois. La production des régimes étant constante il importe d'effectuer une récolte au moins tous les 6-7 jours.
Le fruit est une drupe sessile de 2-5 centimètres de long et pesant 3 à 30 grammes. Il est formé de pulpe et d'une amande dans une coque, produisant après extraction, raffinage et fractionnement, stéarine, oléine et acides gras distillés.
Grâce à l'amélioration génétique, la fertilisation, la pollinisation entomophile effectuée par un insecte africain, *Elaeidobius kamerunicus*, introduit en 1981, la protection raisonnée des plantations contre les ravageurs et maladies par détection précoce et l'utilisation des ennemis naturels réduisant l'usage des pesticides, les rendements du palmier à huile atteignent 30-35 tonnes de régimes par hectare et par an, soit 4-5 tonnes d'huile brute. Mais les semences actuelles ont un potentiel de production de l'ordre de 6 tonnes d'huile, qui continuera à progresser par l'utilisation plus large des meilleurs croisements.

AGRO-INDUSTRIE ET OLÉOCHIMIE DE L'HUILE DE PALME

La transformation de l'huile brute nécessite de véritables complexes agro-industriels comprenant l'huilerie proprement dite, mais aussi une palmisterie pour le traitement des amandes et une usine de fractionnement pour la transformation de l'huile brute en produits consommables.
Les régimes sont usinés sur les plantations dans des huileries de grande capacité de l'ordre de 20 à 60 tonnes/heure. On compte une unité de 60 tonnes/heure pour 11 500 hectares en production. Mais les huileries peuvent être plus petites et pour le secteur villageois des mini-huileries sont envisagées.
Le premier stade de transformation de l'huile de palme conduit à une huile raffinée, blanchie et désodorisée, dont on tire l'huile de table qui représente 55 % de l'huile brute d'origine. Les autres produits comprennent la margarine, les savons et détergents, puis une multitude d'autres produits obtenus par oléochimie permettant la fabrication de cosmétiques, de graisses, de lubrifiants, de matières plastique et même de carburants.
Les nouvelles technologies permettent aussi de transformer rafles et palmes coupées après récolte, pour produire papier, rayonne, panneaux en fibres pour la construction, briquettes, bois en aggloméré pour meubles, etc. Le palmier à huile est ainsi un arbre aux mille usages.

PERSPECTIVES

En 2005 l'Indonésie sera le premier producteur du monde d'huile de palme. D'ici là la population de la planète augmentera de 100 millions par an et la demande d'huiles et de graisses progressera de 1,5 million de tonnes chaque année. L'huile de palme représente déjà plus de 23 % du marché mondial des huiles et oléagineux alors que la surface plantée en palmier à huile en Indonésie n'excède pas plus de 2 % de la surface dévolue aux cultures. Ainsi la culture du palmier à huile en Indonésie est et restera une composante majeure de l'agro-industrie indonésienne dans les décennies à venir.

ROCH DESMIER DE CHENON
Centre de coopération internationale en recherche agronomique pour le développement (CIRAD)
et
Indonesian Oil Palm Research Institute (IOPRI)

Sumatra vit un boom économique sans précédent. Cet eldorado attire, par des promesses d'emplois et des salaires plus élevés qu'ailleurs, une population considérable venant surtout des îles voisines et surpeuplées de Java, Madura et Bali... Un partage très inégal du "gâteau" qui accentue encore les différences sociales.

A cheval sur l'équateur, relativement étroite avec moins de 300 kilomètres pour sa plus grande largeur, l'île est parcourue sur toute sa longueur par la chaîne des monts Barisan. Le versant ouest de cette colonne vertébrale plonge dans les eaux chaudes de l'océan Indien. Le côté opposé descend en pentes plus douces vers les grandes plaines alluviales, les régions tourbeuses et de vastes marais. Près de quatre-vingt-dix volcans dont une bonne quinzaine sont encore en activité constituent autant de sommets dépassant souvent les 3 000 mètres d'altitude. Le plus élevé de l'île mais aussi de tout l'archipel, si l'on excepte le Puncak Jaya (5 039 m) en Irian Jaya, est l'actif Gunung Kerinci (3 805 mètres, Sumatra-Ouest).

Plantation de thé (Java-Ouest)

Mangroves à la pénombre poisseuse et inquiétante, marécages sournois et menaçants, imprévisibles cours d'eau, isolent cette île (la sixième du monde, avec 473 607 kilomètres carrés, après l'Australie, le Groenland, la Nouvelle-Guinée (Kalimantan et Irian Jaya), contre l'intrusion des hommes mieux que de solides remparts.

La dengue et le choléra, les fièvres noire ou jaune, le paludisme ont efficacement combattu jusqu'à ce jour d'autres fièvres, non moins dangereuses, celle de l'or, de l'étain, de la bauxite ou du charbon, du pétrole enfin. Mais la déforestation sauvage due aux incendies volontaires, le tracé de routes accélèrent la pénétration humaine au détriment de la faune et de la flore, engendrant toutes sortes de déséquilibres. Palmiers à huile et hévéas remplacent bien trop vite la forêt pluviale désintégrée, partie en dollars ou en fumée. L'humus créé par l'ancienne végétation ne fixe plus les eaux de pluie qui, arrachant la terre arable, accentuent l'érosion. Dénué de protection, le sol s'assèche, se craquelle, et le vent entraîne la poussière. Ainsi, les zones que l'on croit mettre en culture se transforment en désert avant que les plantations artificielles ne se soient développées.

L'énigmatique rage de détruire ne se limite pas à la nature proprement dite : les populations tribales aux coutumes millénaires, qualifiées de *suku suku terasing* par les gouvernants indonésiens eux-mêmes, soit de "peuples isolés et étrangers", sont contraintes, par la force, de renoncer à

p. 47 haut : *Entretien d'un hévéa et récolte du latex*
p. 47 bas : *Récolte du jus de palme*

leurs croyances, de rejeter leurs divinités au profit d'un seul Dieu tout-puissant : l'islam ou la chrétienté sont censés faire reculer l'animisme déclaré hors la loi. Les Batak Karo, par exemple, qui avaient pour coutume de "nettoyer les os des ancêtres" ont été obligés "d'oublier" ce rituel pathétique et bouleversant. Ainsi est la loi de la modernité, qui veut unifier en uniformisant.

Les Aceh, autre ethnie principale, à la réputation fondée de guerriers insoumis, qui occupent le Nord de l'île, sont désormais islamisés. L'intégrisme s'est enraciné à Banda Aceh où peu se risquent à enfreindre la loi islamique.

Egalement musulmans, les Minangkabau, troisième société dominante de l'île, sont moins intransigeants avec la loi islamique *(syarak)*, qu'ils réussissent à faire cohabiter avec l'*adat*, la loi coutumière.

Outre le matriarcat, qui est presque un défi vis-à-vis des autres communautés, les Minangkabau cultivent un esprit de tolérance et de liberté de pensée.

Autour de la longue bande de terre de Sumatra s'égrènent des chapelets d'îles : Sichule, Nias, Mentawaï (Siberut, Sipora, Pagi-Nord, Pagi-Sud), et Enggano, sous la côte sud, où vivent, en collectivités libres dans la nature, les "Hommes Fleurs". Pour ces civilisations mégalithiques, "un homme honorable est un homme qui organise de nombreuses fêtes, possède de nombreux fils et ne s'est rendu coupable d'aucune faute" (proverbe niassien).

Du côté nord de Sumatra, dans le détroit de Malacca, les archipels Riau et Lingga, impressionnants amas d'îles de toutes tailles, subissent une évolution rapide, liée au modernisme. Certaines îles de Riau, anciennement célèbres pour leurs pirates, et où ne vivaient que quelques communautés de pêcheurs paisibles, sont aujourd'hui des bases de gigantesques puits de pétrole, tandis que d'autres sont la proie d'une vague irrésistible d'infrastructures économiques : c'est le cas de Batam (situé seulement à une vingtaine de kilomètres de Singapour), qui, bénéficiant des avantages flous d'une sorte de zone franche, reçoit massivement des investisseurs singapouriens, malais et indonésiens ; certaines parties, couvertes de lotissements de travailleurs, sont devenues industrielles, d'autres, réservées au tourisme, sont truffées d'hôtels et de golfs. Face à Singapour qui ruisselle de lumière, la nuit, une ville nouvelle se développe dans la baie de Teluk Tering...

Plus au sud, dans l'archipel de Lingga, on retrouve les rythmes paisibles du passé. C'est le cas à Lingga, Singkep, Bakung, Sebangka, bordées de plages de sable fin et blanc. Les *orang laut*, "hommes de la mer", en sont restés maîtres, et leurs *kelong* (cabanes construites sur pilotis) s'entassent dans des criques abritées, sous la garde bienveillante des cocotiers.

Le long de la Trans-Sumatra, les basses terres de l'Est, humides et chaudes, n'offrent pas de paysages excitants. La route, encombrée par des colonnes de camions, est une véritable artère économique. Le long ruban d'asphalte, maltraité par la circulation et les intempéries, traverse de petits champs, des rizières, de modestes hameaux souvent peuplés d'émigrants, coupe d'immenses plantations d'hévéas et de palmiers à huile, franchit fleuves et rivières aux eaux limoneuses qui vont

se jeter dans de vastes deltas, mangroves et marécages soumis au flux et reflux de la mer. Ces cours d'eau, sinueux et lents, servent depuis longtemps de voies commodes aux habitants des villes, parfois anciennes, édifiées sur leurs berges. Dans un lointain passé capitale de l'empire de Srîvijaya, Palembang a explosé et s'est métamorphosé grâce aux gisements de pétrole et de gaz. Bâtis sur les bords de l'immense fleuve Musi, son port actif et ses complexes pétrochimiques accueillent pétroliers, barges et cargos de haute mer. Une flottille de bateaux-taxis sillonnent les eaux de la rivière et se faufilent entre maisons et marchés flottants. Des villages lacustres de planches et de tôles ondulées se massent le long des rives boueuses. Amarrées à des forêts de pilotis, de petites embarcations sont prêtes au départ, pour la pêche au filet et au lamparo. Dans ces lieux suspendus, hors d'atteinte des plus hautes marées, les habitants vaquent à leurs occupations quotidiennes. Du riz, des poissons sèchent sur des claies, des filets pendent. Et partout des gosses s'amusent, courent... Dès leur plus jeune âge, ils jouent les funambules sur les passerelles brinquebalantes, aériennes, étroites et souples qui permettent de passer d'une habitation à une autre.

Diversité des populations

Sumatra est peuplée par des groupes ethniques très divers. Achiais, Batak, Minangkabau, Niassiens, Mentawaï, Malais, Kubu, Bugis... Ils ont gardé leur identité culturelle, malgré l'installation, depuis plus d'un siècle, de migrants essentiellement javanais et balinais.

Sillonnant des routes forestières du côté de Palembang, Jambi, Bengkulu, il m'est arrivé de croiser des individus qui s'enfonçaient bien vite dans l'ombre protectrice des sous-bois. Semblant provenir d'un autre monde, petits, la peau foncée, vêtus d'un pagne ou de quelques vêtements rapiécés, une lance ou une machette à la main, ce sont les Kubu. Population forestière très discrète, vivant de cueillette et de chasse, elle voit ses vastes territoires de jadis se réduire à coups de tronçonneuse. Démunis et impuissants face aux colons qui les méprisent souvent, les Kubu ont le plus grand mal à conserver leur mode de vie, à faire reconnaître leurs droits et leur identité.

L'éternelle question des minorités indigènes qui rend les autorités indonésiennes très susceptibles et pointilleuses... Il y a encore une quinzaine d'années, elles entendaient avoir un meilleur contrôle sur ces groupes qui échappaient à leur vigilance. De vastes programmes de sédentarisation ont été appliqués avec beaucoup de fermeté et de zèle, obligeant les indigènes à abandonner nombre de coutumes et traditions et à se convertir au christianisme ou à l'islam. Ils étaient regroupés dans des villages gouvernementaux, avec écoles, dispensaires, mosquées ou missions... Sous la contrainte, de chasseurs et nomades ils devenaient, malgré eux, agriculteurs, sédentaires et... assistés. Il leur fallait rentrer "dans le moule". Dans l'esprit des planificateurs, technocrates et décideurs de l'époque, il n'y avait pas de place pour ces "primitifs" qui dérangeaient les âmes bien pensantes et tous ceux qui rêvaient et œuvraient à l'émergence exaltante d'un pays nouveau, moderne et exemplaire. La nudité devait être cachée, les tatouages et cheveux longs furent proscrits et les rituels chamaniques très mal vus... Ce fut bien souvent un désastre et une traumatisante acculturation. Si certains se résignèrent à abandonner toute vie libre au risque de sombrer dans un désespoir définitif, d'autres refusèrent de se soumettre aux diktats des autorités. Il y eut des rebellions, des accrochages, et beaucoup de natifs s'enfoncèrent plus profondément à l'intérieur des terres, à l'abri de leur forêt nourricière, sous la protection de leurs dieux et de leurs esprits ancestraux...

Depuis quelque temps, cette politique d'intégration a été sérieusement revue, les exigences assouplies et le droit à la différence, admis. Mais pour en arriver là que de souffrances et d'humiliations inutiles. Autant de composantes non négligeables d'un puissant ressentiment de frustration à l'origine des durs conflits interethniques et religieux qui éclatent de plus en plus souvent, à Kalimantan, en Irian Jaya et ailleurs...

Je n'ai jamais pu avoir de contacts avec les Kubu. Méfiants et sur la défensive, ils sont, malgré leur aversion du monde moderne, obligés de s'adapter pour survivre aux changements inéluctables qui leur sont imposés. Certains choisissent la fuite en avant refusant toute contrainte. D'autres acceptent une semi-sédentarisation qui leur offre, parfois, quelques maigres emplois dans des plantations. Pour beaucoup, la marginalisation n'est pas loin...

D'autres populations pourtant voisines connurent au fil des siècles des destinées tout à fait différentes. Ayant depuis longtemps des contacts avec le monde extérieur, elles surent adapter et mêler avec discernement des idées nouvelles à leurs traditions. Il en résulte des cultures originales, structurées, d'une grande richesse intellectuelle et artistique dont elles tirent une légitime fierté. Leur forte identité communautaire leur a permis de se faire respecter et de tenir un rôle important dans la vie politique, économique et sociale de leur pays.

Chargement d'une cargaison de cannelle, région de Hutanopan (Sumatra-Nord)

Marché aux bananes, région de Batusankar (Sumatra-Ouest)

Ceuilleuse de thé (Java-Ouest)

Minangkabau

Parmi ces dernières, originaires de Malaisie, les Minangkabau. Leur territoire, situé au centre de l'île, s'étend de part et d'autre de la chaîne des monts Barisan. La zone des hautes terres est la plus spectaculaire. D'élégants massifs karstiques, des volcans (Gunung Merapi, 2 890 mètres, Gunung Singgalang, 2 880 mètres...), des falaises coiffées d'une végétation dense dominent d'opulentes et paisibles vallées. D'impressionnants canyons (Harau étant le plus célèbre) sabrent profondément collines et montagnes. Enchâssés dans les plis d'anciens cratères sommeillent des lacs discrets ou immenses (Maninjau, Singkarak et bien d'autres...).

Padang, ville portuaire, est la capitale de la province de Sumatra-Ouest et du pays minang. Ses bâtiments administratifs respectent le style architectural de cette ethnie mais d'autres villes sont plus attrayantes par leur situation et leur environnement. Bukittinggi est perchée à près de 1 000 mètres d'altitude. Véritable centre culturel, c'est aussi une étape agréable et fraîche pour qui vient des plaines surchauffées. La campagne, mise en valeur depuis longtemps, par sa beauté et sa richesse fait penser à une "petite Suisse".

Le long des rivières et des torrents, gémissent et cliquettent parfois d'originales roues à aubes en bambou. Des groupes d'agriculteurs, entretiennent soigneusement leurs terres. Dans certains cours d'eau, l'après-midi, quand le niveau a baissé, les habitants retournent et passent au crible les galets et le sable à la recherche de l'or. Qu'ils trouvent. Leurs batées en bois piègent les précieuses paillettes qui permettront de vivre un peu mieux ou même

de payer des études à leurs enfants. Parcourir ces terres, c'est aussi découvrir des sites préhistoriques, éparpillés, mystérieux. Ces champs de mégalithes inspirent aux populations locales un respect superstitieux.

Dans les villages et hameaux, les *rumah gadang*, grandes et longues maisons, à l'architecture originale, ne passent pas inaperçues. Elégantes malgré la tôle ondulée qui remplace avantageusement (pour l'entretien mais pas pour l'esthétique) le chaume, les toitures traditionnelles, aux pignons effilés et graciles, imitent les cornes du buffle. Avec leurs silhouettes caractéristiques, elles se repèrent de loin à travers la végétation. Les façades extérieures sont généralement constituées de panneaux en bois ouvragés et peints de couleurs vives. Le plus bel exemple de cette architecture se découvre

p. 51 : *Palais de Balai Janggo à Padang Seminyak (Sumatra-Ouest)* à Padang Seminyak. Il s'agit du Balai Janggo, un palais reconstruit avec soin au début des années quatre-vingt après sa destruction par un incendie.

J'ai découvert, même dans les plus modestes, des intérieurs chaleureux. Les pièces, vastes, aérées, fraîches, baignent dans une douce pénombre. Cloisons, planchers et plafonds sont en lattes finement ajustées, lisses et brillantes qui créent une ambiance apaisante et douce. L'ameublement est simple et fonctionnel. De superbes pièces de tissu fabriquées sur place couvrent les murs, les lits. Parfois, des berceaux, petites caisses confortables, aux motifs travaillés, sont suspendus au plafond par de longues tresses. D'une rigoureuse et méticuleuse propreté, tout respire la convivialité, la sérénité et un bel art de vivre. A l'extérieur, de petites constructions montées sur pilotis et copies conformes de la maison principale servent de greniers à riz.

Ici, la loi coranique compose avec l'*adat*. Les Minang vivent sous le régime matrilinéaire, un étonnant anachronisme dans ce pays où l'islam tient une si grande place. Les femmes possèdent un pouvoir décisionnaire déterminant. L'héritage se transmet de mère en fille alors que l'homme a la charge de faire fructifier les biens de son épouse.

Ces coutumes, la surpopulation et la recherche d'emploi ont favorisé l'émigration d'hommes et de familles entières. Aussi nombreux sur leurs terres qu'exilés dans tout l'archipel, les Minang ont le sens des affaires et du commerce. Ils se rencontrent partout et leurs fameux restaurants proposent une cuisine fortement épicée. Très attachés à leurs terres, ils mesurent leur réussite à l'argent envoyé aux parents ou utilisé pour l'embellissement de leurs maisons et villages.

Modernité, scolarité, ouverture sur le monde, développement économique et pressions de certains milieux islamistes font que nombre de règles traditionnelles tombent maintenant en désuétude. Pas toutes cependant. Les mariages, nombreux en été, permettent de découvrir leur hospitalité, de partager leur bonheur. Même chez les plus simples cette cérémonie revêt un éclat particulier. Exposés à tous les regards, costumes et brocarts somptueux arborent des formes et des couleurs chatoyantes qui varient selon le niveau social, les villages, les régions... Parée comme une reine, la mariée, souvent

Jeune mariée minangkabau, région de Talawi (Sumatra-Ouest)

fort jeune, porte une superbe et impressionnante coiffe en or travaillé ainsi que des bijoux de valeur. Les milieux trop modestes les louent et n'hésitent pas à s'endetter sur une longue période.

Cette société fait preuve d'un goût très prononcé pour les arts en général et, plus particulièrement, pour l'orfèvrerie, la sculpture sur bois, la poésie, la musique, les danses et les chants... Les femmes tissent encore des *songket* sur des métiers traditionnels. Les plus éblouissants sont en soie ou en coton. Les fils d'or ou d'argent insérés dans la chaîne créent des motifs d'une diversité et d'une complexité extrêmes. Ces pièces deviennent maintenant rares et onéreuses. Il est possible néanmoins d'en acquérir à des prix plus abordables, ravissants, mais où l'or et l'argent seront remplacés par des ersatz. Certains villages sont réputés pour l'habileté de leurs artisans... Ainsi, Pandai Sikat est spécialisé dans le travail du bois et le tissage alors que Koto Gadang est renommé pour ses bijoutiers. A l'un de ces derniers, Manu, un de mes assistants, très connaisseur, a même appris à fabriquer un modèle aux formes nouvelles qui maintenant fait fureur parmi les visiteurs et est même vendu à l'étranger !

Minangkabau, cadeaux de mariage, région de Solok (Sumatra-Ouest)

Pays minangkabau, environs de Talawi (Sumatra-Ouest)

Vallée d'Harau (Sumatra-Ouest)

Batak

De Bukittinggi, la Trans-Sumatra remonte vers le nord-ouest. Elle se faufile dans les plis des monts Barisan, coupe la ligne de l'équateur à Bonjol, traverse des paysages variés, longe rivières et vallées. L'itinéraire, pas toujours facile, procure quelques belles émotions. Sans compter les intempéries, les pluies diluviennes qui peuvent emporter des tronçons de chaussée et couper tout trafic pour des heures ou... quelques jours.

Après la ville de Padangaidempuan, la route grimpe à nouveau dans la montagne. Signes d'une activité volcanique, de temps en temps de fines fumerolles exhalant une odeur de soufre s'échappent des ravins ou des frondaisons. Plus nous montons plus l'environnement et l'habitat changent. La forêt perd en densité, des chênes et des pins apparaissent. Les habitations, très modestes, petites et dispersées témoignent d'une vie plus âpre. La température fraîchit. A près de 1 000 mètres d'altitude nous sommes maintenant en plein cœur des hautes terres du pays batak.

"Horas !" Que de fois ai-je entendu ce salut de bienvenue en rencontrant un Batak.

Accueillants, chaleureux, francs, ils ont la réputation d'avoir un caractère entier et de ne pas mâcher leurs mots en cas de désaccord. Mais au moins on sait où on va !

Faisant également partie des ethnies dominantes de l'île, estimés à environ 4 millions, ils occupent, entre celui des Minangkabau et la province turbulente d'Aceh, un vaste territoire montagneux où pointent des sommets de plus de 2 000 mètres, recouverts de forêts, des volcans.

Volcan Sibayak (2 172 mètres) (Sumatra-Nord)

Les mosquées (depuis quelques années, elles sortent de terre comme des champignons, financées en grande partie par des fonds venant, dit-on, d'Arabie Saoudite et de quêtes le long des routes) font place à des chapelles dispersées dans la nature alors que les églises et les écoles religieuses sont nombreuses dans les bourgs et les villes. Et partout, des tombes, des caveaux familiaux, de toutes tailles, décorés de peintures, d'effigies protectrices ou coiffés de personnages richement parés, indiquent la position sociale et la richesse des défunts.

Comparés aux villages des Minangkabau, ceux des Batak paraissent plus pauvres et moins bien entretenus.

Longtemps opposés à l'islam, les Batak sont constitués de six groupes – Karo, Toba,

(Sumatra-Nord)
p. 57 haut : *Pays batak. Raja Purba, un des sept* raja *du clan simalungun*
p. 57 bas : *Tombe batak, région du lac Toba*

Simalungun, Pakbak, Angkola et Mandailing – ayant chacun leur territoire et présentant des variantes dans leurs coutumes, leurs traditions et leur langue.

Pendant des siècles, les Batak, réputés et craints pour leur combativité et leur cannibalisme rituel (Marco Polo en parlait déjà), ont vécu isolés. Coupés de tout ? Non, mais malgré des contacts précoces avec le monde indien et musulman, ils tenaient à garder jalousement leur indépendance... Cet isolement dura jusqu'au milieu du XIXe siècle. En 1853, l'immense lac Toba fut décrit pour la première fois par un missionnaire hollandais. Rapidement d'autres religieux, notamment des protestants allemands, arrivent à leur tour, bientôt suivis par les troupes hollandaises pour occuper et administrer la région au prix de nombreuses difficultés.

Pas découragés, les missionnaires, forts de leur prosélytisme zélé, œuvrèrent plus ou moins efficacement selon les groupes. Les Karo se montrèrent les plus réticents et commencèrent à se convertir véritablement vers le milieu du XXe siècle. Actuellement, les Batak sont, dans leur grande majorité, christianisés ou islamisés. Ces adhésions n'ont pas réussi à occulter la religion traditionnelle, préchrétienne, qui a encore ses fidèles. Le culte des ancêtres, la relation avec les âmes, la magie, les offrandes aux esprits – entre autres –, demeurent des réalités. Les missionnaires, les prêtres et les pasteurs doivent toujours s'en accommoder et composer. L'influence de l'Inde, dans de nombreux domaines, religieux, culturel, est surtout décelable dans l'ancienne écriture. Car les Batak possédaient une littérature, un alphabet, des calendriers basés sur une astrologie élaborée, des livres sacrés.

Chaque village vit sous l'autorité d'un chef, le *raja*, qui la partageait jadis avec les *datu*, des chamans (parfois des femmes), des prêtres, des magiciens, des astrologues, des guérisseurs. Ces *datu* ou *guru* existent toujours et il m'est arrivé plusieurs fois de découvrir dans la forêt, le long d'une piste, de petits autels, des lieux de prières et d'offrandes discrets où se pratiquent des rites de l'ancienne religion.

Au cœur du pays batak sommeille le mythique lac Toba. Splendide, 100 kilomètres de long et 31 kilomètres de large, cette immense réserve d'eau (sa profondeur est de 450 mètres !) s'est concentrée dans une énorme caldeira, résultant d'une fantastique éruption volcanique, remontant à plus de 70 000 ans et dont on frissonne à essayer d'imaginer l'envergure cataclysmique. Le niveau du lac, qui a varié au fil du temps, reste aujourd'hui légèrement au-dessus de 900 mètres. En son centre, émerge sur près de 700 kilomètres carrés, l'île de Samosir. En

Riches terres du lac Toba (Sumatra-Nord)

réalité, il s'agit d'une presqu'île car elle est reliée à la rive par un court isthme. Au début du XIXe siècle, il a été coupé par un petit canal creusé par les Hollandais, événement qui créa une grande frayeur chez la population. Samosir, considérée comme la terre d'origine des Batak est devenue un lieu très touristique.

Sur ses bords et dispersés sur ses hauteurs, sont établis de nombreux hameaux. Leurs vastes habitations à la curieuse architecture, aux toitures concaves et en forme de coque de bateau, sont alignées de part et d'autre d'un large espace. Parfois, à proximité (comme à Tomok) s'élèvent des tombes royales, des sarcophages sculptés, certains anciens, d'autres plus récents.

Le lac est dominé par de hauts plateaux, où glissent, poussés par un vent quasi permanent, des nuages bas et gris. Les grandes forêts de jadis, réduites à des bosquets de feuillus et de pins, ont fait place à de vastes étendues cultivées. Ici et là, des tourbières sont exploitées. L'agriculture fait vivre presque tous les habitants. Outre le riz, un

(Sumatra-Nord)
p. 59 haut : *Village toba sur l'île de Samosir*
p. 59 bas : *Village karo de Lingga*

climat propice et un sol riche permettent de faire pousser des légumes. Ces derniers ont été introduits à l'époque coloniale, au début du siècle dernier, pour nourrir une population en pleine croissance, employée dans les grandes plantations de tabac, thé, café, hévéas, palmiers à huile... qui s'ouvraient sur la côte est. L'exploitation maraîchère connut un rapide et spectaculaire développement jusqu'à devenir intensive en privilégiant souvent la monoculture. Les paysans recherchent sans cesse de nouvelles terres. Pour compenser l'appauvrissement progressif des plus anciennes, ils ont massivement recours aux engrais chimiques et aux pesticides avec tous les problèmes de pollution qui en découlent. Des comportements et des pratiques que j'ai pu constater partout, à Sumatra, Java et Bali... La région de Kabanjahe-Berastagi fait partie des plus fertiles. C'est un immense potager. Pour s'en convaincre, il suffit de se rendre tôt le matin, au marché de Berastagi, où les cultivateurs des environs viennent vendre leurs produits. Les étals croulent sous des montagnes colorées et parfumées de fruits de toutes sortes, bananes, oranges, mandarines, *salak*, ananas, durians, mangues, ramboutans, et de fleurs. La qualité et la variété des légumes sont tout aussi impressionnantes et une bonne partie des récoltes est exportée quotidiennement vers les grandes cités du pays ou même à l'étranger : Medan, Jakarta, Singapour, Kuala Lumpur...

Située à plus de 1 200 mètres d'altitude, Berastagi est dominée par deux volcans, le Gunung Sinabung (2 450 mètres) et le Gunung Sibayak (2 905 mètres). Ce dernier est actif.

En quittant les sentiers battus pour pénétrer à l'intérieur des terres, quelques villages ayant gardé leur style d'origine peuvent être encore observés. Selon les lieux et dans un souci de défense, certains sont bâtis sur des hauteurs, d'autres sont nichés dans des bosquets de bambous difficiles à pénétrer, d'autres encore sont ceinturés par des murs de pierres ou des remblais de terre. Généralement imposantes, montées sur pilotis, pouvant abriter jusqu'à huit familles, beaucoup de maisons traditionnelles *(rumah adat)*, de réunions *(bale)* et les greniers à riz *(sopo)*, sont peu entretenus ou en voie d'effondrement. Quelques toitures sont encore couvertes d'une épaisse couche de fibres de palme à sucre *(ijuk)*. L'intérieur est sombre et les fumées de plusieurs foyers s'échappent là où elles le peuvent déposant sur la charpente de la créosote, une excellente protection contre les attaques des cirons et autres insectes ravageurs.

Murs, poutres et plates-formes en bois et en bambou peuvent être richement décorés d'effigies, de formes géométriques, d'animaux mythiques, de motifs sculptés et peints de couleurs vives ayant le pouvoir magique d'éloigner les esprits malfaisants, les maladies. L'entretien de ces vieilles bâtisses est onéreux et bien des familles préfèrent vivre dans des habitations en béton et en briques, plus modernes et confortables.

Les villages pétillent de vie : gosses qui jouent, artisans travaillant le bois, fabriquant des paniers. Les femmes sont occupées aux travaux domestiques ou tissent de belles pièces de tissu (*ulos*, chez les Toba), toujours très demandées pour les cérémonies et les grands événements de la vie... Contrairement aux Minangkabau, cette société vit sous le régime patrilinéaire, toutes les familles issues d'un même ancêtre constituent une *marga*. C'est le fondement du système complexe très strict qui régit, au sein des lois de l'*adat*, toutes les relations familiales, sociales et culturelles. Comme chez d'autres groupes ethniques, la vie traditionnelle change. Et ne vous méprenez pas : même dans les villages modestes, isolés au fin fond du pays, le modernisme et l'ouverture sur le monde sont déjà une réalité : la radio est partout, les journaux circulent et souvent, grâce à une énorme antenne satellite pointée en direction du ciel, les images des chaînes de la télévision indonésienne leur parviennent. Avec le miracle de l'électronique, la terre entière peut défiler dans la lucarne d'un petit écran ! En 1998, les matches de la Coupe du monde de football étaient suivis en direct et avec un fol enthousiasme, dans les petits villages batak où je séjournais à ce moment-là ! Par ailleurs, la chaîne satellite française TV5 est très appréciée pour ses films d'abord, souvent considérés comme érotiques, et le tour de France dont les plans et les cadrages permettent de découvrir la richesse et la variété de notre pays. Enfin, il existe de nombreuses écoles. Les parents, conscients de l'importance de l'enseignement, n'hésitent pas à consentir des sacrifices financiers (l'école n'est pas gratuite) pour que leur progéniture puisse connaître un avenir meilleur.

Le système contraignant d'héritage et l'explosion démographique ont contribué à la mobilité et à la dispersion dans tout l'archipel d'une partie de la population. Nombreux sont les Batak qui occupent des postes élevés au

Jeunes filles karo (Sumatra-Nord)

sein de l'administration, dans la politique, le commerce ou qui exercent des professions libérales. Pour ces expatriés, les liens avec le pays demeurent puissants et toutes les occasions sont bonnes pour y revenir et retrouver la parenté.

Les rites de passage conservent toute leur importance pour les membres des lignées paternelles et maternelles qui viennent y participer en nombre. Lors de ces fêtes, les femmes sortent leurs plus beaux atours. Le degré de perfection des bijoux en or ou en argent témoigne de leur position sociale et de leurs origines. Elles portent de superbes et volumineux *ikat* rappelant la coiffe minangkabau. En costumes occidentaux mais avec des *ulos* portés en écharpes, des hommes sont coiffés de turbans aux formes curieuses décorés de lourds pendentifs en bronze ou en or... Selon les événements, des buffles sont sacrifiés. Des orchestres traditionnels *(gondang)* avec gongs et instruments à vent, quelquefois à cordes, animent de longues heures ces moments privilégiés ou les danses, aux mouvements symboliques, qui respectent des règles rigoureuses, issues d'un lointain passé.

Mariés Batak Karo (Sumatra-Nord)

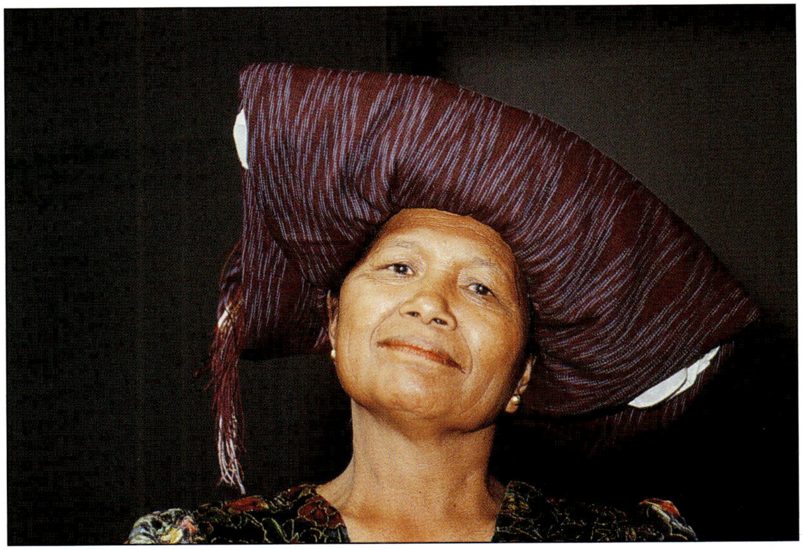

Pays batak, portraits de femmes simalungun (Sumatra-Nord)

Hommes Fleurs

Parmi toutes mes rencontres la plus originale est sans conteste celle qui s'est produite sur Siberut (4 500 kilomètres carrés), l'une des quatre îles principales de l'archipel des Mentawaï perdues dans l'océan Indien, à une bonne centaine de kilomètres de la côte ouest de Sumatra.

Cette "aventure" faillit très mal commencer. Un vieux ferry pourri, rustique à souhait et poussif, relie en une dizaine d'heures le port de Padang à Muarasiberut sur l'île de Siberut. En compagnie de près de deux cents Indonésiens, fonctionnaires et leurs familles, militaires et paysans, j'y avais embarqué avec Manu, quinze jours de nourriture, le matériel de prise de vue. Brusquement, à mi-parcours, en pleine nuit et sur une mer démontée par un orage, le moteur, dans un formidable hoquet, expulse par la cheminée un feu d'artifice d'étincelles et s'arrête. L'axe de l'hélice vient de se briser, provoquant une importante voie d'eau dans la coque, sous la ligne de flottaison. Plus de moteur, plus d'éclairage, pas de radio ni de canots de sauvetage... En quelques instants, les quelques bouées et gilets de survie disponibles sont récupérés par les hommes qui s'y accrochent frénétiquement. Dans l'obscurité trouée par les faisceaux des lampes de poche, c'est la panique. Dans la cale, l'eau rentre à gros bouillons, se mélange au fuel. Livré à lui-même, le bateau danse lourdement. La côte de Sumatra est loin. Aucun secours à espérer : les courants sont violents et les requins ne sont pas une légende. Les passagers mâles brisent tables, bancs, chaises pour en faire des radeaux. Vidées de leur contenu, des bouteilles en plastique sont transformées en bouées attachées en couronnes autour des tailles. Devant la gravité de la situation, nos sacs de spéléo étanches sont débarrassés du matériel pour improviser des flotteurs : le moment venu nous avons prévu d'y accrocher quelques jeunes enfants. Car si la majorité des hommes est en proie au plus grand affolement, les femmes, dont beaucoup ont des enfants très jeunes, gardent un calme extraordinaire. N'ignorant rien de la gravité de la situation, elles restent assises, impassibles, sur le plancher de la coursive, parmi leurs bagages, leur progéniture dans les bras. Encore maintenant, je demeure admiratif devant leur sang-froid et leur immense dignité. Une véritable course contre la montre s'est engagée dans la cale. Le bateau s'enfonce. Le capitaine secoue son équipage qui jette à la mer des tonnes de sacs de riz, de caisses et de cartons. Progressivement l'embarcation s'allège et une belle déchirure apparaît. Elle est colmatée et l'eau, écopée. Une réparation de fortune et le moteur repart. A petite vitesse, le bateau fait demi-tour pour rejoindre Padang, où il accoste au petit matin. Le soir même, nous repartions pour Muarasiberut avec armes et bagages sur une autre embarcation, à peine moins âgée que la précédente.

Siberut

Sur Siberut, nous embarquons en compagnie de notre guide (mi-batak mi-mentawaï) et une femme cuisinière dans une pirogue lourdement chargée. Son puissant moteur nous permet de remonter à contre-courant une rivière sinueuse. Sur les rives défilent des vestiges de forêt, de hautes herbes, des plantations de bananiers, de palmiers sagoutiers. Ici et là des chemins taillés dans les berges boueuses mènent à des cabanes sur pilotis, des lieux habités. Parfois, des fûts de sagou flottent, fixés à des pieux. Nous croisons des hommes et des femmes dirigeant de fines pirogues remplies de produits de la forêt, noix de coco, bananes sauvages, taros... La navigation délicate demande beaucoup d'attention au pilote pour éviter les bancs de sable, racines ou troncs déplacés par les crues. Après une nuit passée dans un modeste village peuplé de Mentawaïens sédentarisés, notre petite équipe à laquelle un porteur se joint poursuit à pied jusqu'au village d'Alimoï, le but de notre séjour. Nous basculons dans un autre monde. La forêt nous entoure. Superbe, mais en danger car, bien que protégée en grande partie, elle n'est pas à l'abri des visées des compagnies forestières. Epaisse, chaude comme un ventre, elle transpire en permanence. Le matin, le soleil fait fumer les frondaisons d'où s'échappent de forts relents de moisissure. La pluie est une compagne dont il faut s'accommoder. L'après-midi, de lourds nuages déversent des trombes d'eau que l'on entend arriver longtemps à l'avance. Sous de tels déluges, de paisibles ruisseaux se transforment vite en de puissants torrents drainant une boue rouge, collante et glissante. Durant des heures, la marche se poursuit dans la gadoue le lit des multiples cours d'eau qu'il faut remonter ou traverser sur des troncs fragiles et visqueux. Une succession de collines dont l'altitude ne dépasse pas les 400 mètres constituent autant de rudes obstacles à franchir. L'air est étouffant. Tout est moite... Les insectes sifflent, quelques oiseaux chantent, des lianes, des branches, des plantes s'accrochent, griffent et piquent. Dans ce labyrinthe glauque, nous coupons des pistes discrètes, des passages de sangliers qui détalent parfois bruyamment à notre approche. Nous apercevons de temps à autre des cases toutes simples, perdues dans de petites plantations. Des familles y vivent. Nous croisons quelques Hommes Fleurs en pagnes ou en shorts, machette à la main, aux corps musclés et portant de magnifiques tatouages rituels. Etonnement mutuel, salutations, cigarettes offertes, quelques bribes de dialogue traduites par notre interprète. On ne reste pas longtemps seul, ici !

Jeune mère mentawaï

Anaï leo ita !

Atteint en fin d'après-midi, dominant une petite rivière, Alimoï est un minuscule hameau formé de quelques habitations sur pilotis, bâties en bois et en bambou, couvertes de fibres de palmes. Nous sommes reçus par le chef, Teorocha. C'est dans sa longue maison communautaire, la *uma*, et avec toute sa famille que nous séjournerons. Nous ne gênerons pas car nous avons tout ce qu'il faut pour vivre sans dépendre de nos hôtes et, surtout, sans puiser dans leurs provisions. Dans nos bagages, se trouvent également les indispensables cadeaux pour remercier et faciliter les contacts : entre autres, paquets de perles multicolores, très appréciées pour les colliers et bracelets que tout le monde porte, et des plaques de tabac compressé, car hommes et femmes sont des fumeurs acharnés.

Autrefois chasseurs de têtes, les Mentawaïens – les Hommes Fleurs (ils arborent fréquemment une fleur piquée dans les cheveux ou glissée sur l'oreille) – feraient partie des premiers habitants de l'Indonésie. Comme d'autres populations, ils ont été chassés par des vagues d'émigrés, plus puissants et nombreux, dans les îles isolées ou au cœur de territoires difficiles d'accès. Jusqu'au début du XXe siècle ils ont très peu subi les influences extérieures. Puis les missionnaires sont arrivés pour engager d'actives campagnes de conversion avec, à la clé, la chasse et l'éradication des coutumes "barbares". Actuellement près des deux tiers de cette minorité seraient convertis (les protestants sont majoritaires). Une acculturation qui fut amplifiée dans les années 1950-1960, par une administration tatillonne. "Sur les 18 000 indigènes de l'île de Siberut, on estime que 17 700 vivent aujourd'hui dans les villages gouvernementaux. La plupart ont déjà accepté de se convertir à l'une des deux seules religions officiellement autorisées en Indonésie, le christianisme et l'islam. Ils ont dû se couper les cheveux et ne sont plus autorisés à se tatouer le corps. Ceux qui l'étaient déjà doivent cacher leurs tatouages sous des vêtements occidentaux. Ces populations sédentarisées se concentrent dans ce que les autorités nomment des «projets sociaux», ces villages gouvernementaux où ils doivent cohabiter par groupes de 500 à 1 200 individus, ce qui est tout à fait contraire à leur organisation sociale traditionnelle*."

Cuisson de la farine de sagou dans la case de Teorocha

Devant la résistance de certains, la police brûla les objets de culte, parfois des habitations... Depuis, le gouvernement a adouci sa position mais j'ai encore observé des Mentawaïens, qui, avant d'arriver aux premières habitations de Muarasiberut, enfilaient un short et se couvraient la poitrine. Un petit nombre refusa de se plier aux humiliations, aux contraintes arbitraires. Actuellement une poignée de Sakuddei (une cinquantaine d'irréductibles au maximum) s'accrochent à leur culture et à la pratique de leur religion traditionnelle. Animistes, ils ne rejettent pas tout le modernisme qui s'installe à la lisière de leurs terres. Ils en acceptent ce qui peut leur faciliter l'existence à la seule condition que leur vie spirituelle n'en soit pas affectée.

Les Hommes Fleurs de la *uma* dans laquelle j'étais hébergé et ceux des cases environnantes observent un certain nombre de traditions mais, à moins d'une heure de marche, se trouve un village gouvernemental : les contacts avec le monde extérieur sont donc quasi quotidiens. D'autant plus que des équipes de tournage (télévisions et indépendants – et j'en fais

---

* *Les Voix de l'oubli*, Patrick Bernard, Anako Editions.

partie) se rendent de temps à autre à Alimoï. Dans ce lieu – il n'est pas le seul – où la culture originale est encore en partie préservée, il arrive que certains réalisateurs en fassent à leur guise, édulcorent ou "arrangent" quelque peu la réalité.

Plus préoccupant est le développement de l'ethnotourisme. Cette nouvelle mode a des effets pervers partout où elle pénètre. Sous le prétexte d'approcher des civilisations dites "archaïques" des tour-opérateurs entraînent des groupes de visiteurs en quête d'un exotisme facile. Les conséquences de ces chocs de cultures si différentes sont aussi désastreuses que la maladresse ou l'intransigeance de nombreux missionnaires de quelque obédience qu'ils soient. Les valeurs traditionnelles disparaissent, remplacées par la notion de profit. Ainsi j'ai vu, dans un village tout près de la côte, juste avant l'arrivée d'un groupe d'étrangers, des vieilles femmes mentawaïennes ôter leurs pauvres chemisiers, ajuster quelques colliers pour se faire photographier moyennant de l'argent. De l'argent justement, ces figurants malgré eux n'en touchent guère. L'essentiel sera partagé par une corporation d'organisateurs et de "guides" pas forcément originaires des lieux. Le manque de dignité et de respect des visiteurs occidentaux est choquant et navrant.

Avec Teorocha j'ai découvert un monde étonnant. Sa *uma* est un lieu de rencontre. Ses fonctions de *sikerei* – chaman – mais aussi de *rimata* – gardien des traditions – lui confèrent un grand prestige ce qui lui vaut d'être souvent consulté par les habitants de la région. Les yeux vifs, sa longue chevelure noire nouée en chignon, fin, élancé, très posé, il est impossible de lui donner un âge. Sa peau, comme celle de beaucoup d'hommes et de femmes, est tatouée de motifs aux significations précises ayant pour but, entre autres, d'embellir le corps et de protéger l'âme. Tous ont un sens aigu de la beauté.

Complicité et tendresse

Le climat souvent malsain et la nature sauvage sont sans pitié pour les plus faibles. Ces hommes ne sont pas à l'abri des dangers de la jungle mais au fil du temps ils ont appris ses secrets et s'en sont fait une alliée. Car la forêt peut être généreuse. Elle les protège, les nourrit, les habille et les soigne. Pas toujours cependant et le savoir des guérisseurs reste impuissant devant la gravité de certaines maladies. Des mères venaient me trouver pour que je soigne leur enfant au ventre ballonné, ou souffrant d'infections qui pourraient facilement être traitées avec les médicaments adéquats. Au dire de mes amis, il y a bien des médecins qui effectuent des tournées dans les villages, mais une fois par an, et les malades découvrent parfois trop tard leur date de passage. Dans la communauté chacun a son rôle à jouer. Les enfants apprennent en observant les adultes. Les femmes s'occupent de la famille, des repas, partent en forêt récolter des fruits, des racines, cultivent le taro, pratiquent la pêche dans la rivière toute proche. Pour cette activité, elles confectionnent dans des feuilles de bananier des jupes et des corsages qui les protégeront des attaques d'insectes. Silhouettes graciles, plantes parmi les plantes, elles pêchent à l'aide d'épuisettes les petits poissons et crustacés cachés sous les souches et les cailloux. Les hommes veillent sur les plantations de palmiers sagoutiers dont la moelle donne, après traitement et préparation, de la farine de sagou, l'aliment de base de tous les insulaires. La chasse est également pratiquée à l'aide d'arcs et de flèches aux pointes enduites d'un violent poison paralysant, obtenu à partir d'une décoction de plusieurs plantes toxiques. Excellents chasseurs, ils connaissent la forêt dans ses moindres recoins. Souvent vêtus d'un pagne, portant arc et carquois ou lance, une hotte en rotin sur le dos et, autour de la taille, une ceinture banane pour y glisser tabac et briquet, ce sont des marcheurs infatigables, difficiles à suivre. Arbres, cailloux, animaux sauvages ou domestiques ont une âme. Au gibier chassé, aux poulets sacrifiés, à l'arbre coupé, les hommes s'excusent et demandent à leur âme d'intercéder en leur faveur auprès des esprits bienveillants. Dans le monde et l'imaginaire mentawaïens, les esprits sont omniprésents et honorés. Les chamans *(sikerei)* ont la charge, lors de cérémonies spectaculaires, les *puliajat*, d'assurer les liens entre le monde des humains et celui des esprits. Leurs pouvoirs magiques leur confèrent autorité et respect. J'ai pu assister à plusieurs fêtes mais une des plus saisissantes était celle qui consistait à attirer les bons génies qui se trouvaient à l'extérieur de la *uma* tout en chassant les mauvais qui s'y cachaient. Une bonne partie de la nuit, trois chamans, ornés du *luat*, un diadème de perles colorées, de colliers, de bracelets, de fleurs et de plumes dans la chevelure, d'amulettes, de clochettes, unissent leurs efforts pour mener à bien cette tâche. Toute la famille de la *uma* et celles des cases voisines assistaient, dans une grande décontraction, à cette rencontre durant laquelle les prêtres alternent chants, récitation de formules magiques et gestes rituels. Les moments d'accalmie, les repas partagés, succèdent à l'excitation la plus folle. Les chamans gesticulent, frappent des pieds, courent en tous sens pour chasser à l'aide de bouquets de plantes les esprits néfastes. Plus tard un *sikerei* entrera en transe, le corps secoué de spasmes, les yeux exorbités, fixés sur un point imaginaire. Dans la pénombre de la *uma* des jeunes accompagnent ces curieux ballets avec des tambours à deux faces, les *gâdjeoma*. Après des prières de pardon, des coqs et des porcs seront sacrifiés. Dans leurs entrailles les chamans décrypteront les signes et prédiront le futur. Cette fois-ci encore l'avenir immédiat sera souriant. Mais qu'en sera-t-il à plus long terme ? Si leur culture s'efface, nivelée par notre société, laissons-leur au moins le temps et surtout la manière de choisir leur destin dans le respect de leur dignité, de leurs traditions et de leurs terres.

p. 68 haut : *Pêche en rivière*
p. 68 centre : *Pose du poison sur les pointes de flèches*
p. 68 bas : *Préparation à la chasse*

Teorocha, le chaman, chassant les mauvais esprits

Véritables chefs-d'œuvre, les rizières de la région de Pupuan (Bali-Ouest)

Bali, la fleur qui renaît

Bali, c'est l'île du rêve, de la magie et des dieux... Chaque année des centaines de milliers de visiteurs du monde entier viennent y célébrer le culte du soleil et s'offrir une part de rêve, un brin d'exotisme, un parfum d'aventure.

Cette course aux dollars et une industrie touristique qui tourne à plein rendement sont des réalités incontournables. Hôtellerie de luxe, villes actives, modernes, clubs, boîtes de nuit branchées et mode dernier cri font partie du paysage. Denpasar, la capitale (environ 400 000 habitants), Sanur, Kuta, Nusa Dua, Legian attirent la grande majorité des étrangers. Pourtant derrière ce Bali, palpite toujours le Bali des Balinais qui conserve sa part de mystère. Deux mondes qui se côtoient sans jamais se mélanger vraiment. Il suffit de s'écarter des axes touristiques, dans les montagnes, les rizières, les plantations de girofliers ou de café pour faire des rencontres et mieux percevoir sa magie.

Petite (5 561 kilomètres carrés), montagneuse, avec près de 3 millions d'habitants très attachés à la vie communautaire, Bali possède une nature extravagante, des volcans en activité, le Gunung Agung, la montagne mère des Balinais, mesure 3 142 mètres. Son modeste voisin, le Gunung Batur (1 717 mètres), a cependant causé d'énormes dégâts, en 1917, en 1963 et en 1974. Très peuplée, mise en valeur depuis longtemps, elle est devenue, avec Java, le grenier à riz de tout l'archipel. La majeure partie de l'île est verdoyante et riche mais l'Extrême-Est et toute la côte nord, superbe et nettement moins touristique, sont secs et chauds. La vie y est plus rude et pauvre. Le long de la mer se blottissent de petits villages de pêcheurs avec leurs innombrables *prahu*, étroits bateaux à balancier et à la proue en forme de tête d'espadon. Ici et là, les habitants exploitent des salines très curieuses. Les montagnes du centre, avec les volcans, forment une véritable barrière aux nuages qui, pour la franchir, arrosent généreusement les versants ouest et sud.

Leurs flancs et les profondes vallées sont ciselés par de majestueuses rizières qu'alimente un complexe et efficace réseau de canaux. Dans ces paysages immenses tout respire la sérénité. Les modestes habitations sont dispersées dans la verdure, des rivières brillent, des lacs (Batur, Bratan, Buyan, Tamblingan...) sommeillent dans leur écrin de végétation ou de rocs.

Sans être aussi figée qu'en Inde, la société balinaise est constituée de plusieurs castes : *brahmana* (prêtres), *satria* (rois et nobles), *wesia* (guerriers) et *sudra* (la majorité du petit peuple, les paysans). Dans ce qui est l'Inde sans l'être, le quotidien est rythmé par la recherche constante d'un juste milieu entre le bien et le mal. Et partout des temples. Par milliers... Célèbres ou discrets, superbes, étranges ou modestes, animés ou silencieux, ils sont trop nombreux pour être recensés. Et partout aussi, jusque dans les endroits les plus inattendus, de petits autels, des statues, des sculptures de génies ou de démons. Il faut sans cesse attirer, honorer les dieux et les esprits et chasser les forces du mal omniprésentes. A la campagne ou dans les villes, il se passe peu de jours dans l'année sans une fête, une procession avec leur cortège de prêtres, de musiciens, de fidèles et de femmes parées de chatoyants *kain* et *kebayas*, portant sur la tête des corbeilles chargées d'offrandes de toutes sortes. A ces cérémonies les étrangers pourront y assister dans l'indifférence la plus totale à leur encontre. Différentes dans leurs rythmes et chorégraphies de celles pratiquées sur Java, les danses font partie des réjouissances religieuses et familiales. Pratiquement chaque village a ses joueurs de gamelan et ses danseurs. Les enfants, nombreux, s'initient très tôt à une parfaite maîtrise de leur corps et à une gestuelle codifiée, compliquée et gracieuse tout à la fois.

Malgré le tourisme qui fait vivre une large part de la population et contribue au développement d'un artisanat devenu très populaire (travail de la pierre, sculptures sur bois, peinture, notamment à Ubud, textile, orfèvrerie...), la vie de bien des insulaires est loin d'être facile. Cette île doit sa beauté surtout à ses habitants qui continuent inlassablement, à l'aide de techniques parfois archaïques, à l'entretenir et à la mettre en valeur avec leur sens esthétique et poétique inné qui doit tant plaire aux dieux. Souriants, d'une extrême politesse et d'une exigeante sensibilité, les insulaires ont aussi montré, dans le passé, qu'ils pouvaient être intransigeants et inflexibles quand ils s'estimaient atteints dans leur dignité ou que leurs valeurs religieuses et culturelles étaient en danger.

Le Garuda, l'oiseau mythique hindou, monture du dieu Vishnou, est l'emblème national de l'Indonésie. C'est dire combien l'hindouisme est demeuré prégnant dans la tradition, même s'il s'est finalement concentré dans la plus singulière et la plus douce des îles, le jardin des dieux ou jardin des immortels, l'île du paradis, Bali, dont le nom signifie offrande.

Dans les années 1950, l'écrivain indien Tibor Mende écrivait : “Bali est plus belle que les mots ne peuvent le dire, et c'est peut-être le foyer de la dernière civilisation vraiment satisfaisante qui reste à notre époque. Tout être bien intentionné qui croit qu'un mélange d'écoles primaires, de vaccinations, de cinéma et de courant électrique constitue la formule magique du bonheur devrait venir faire un tour à Bali.

Au bout de quelques semaines, il quitterait cette île pacifique et étonnante un peu perplexe, très attentif. Il aurait trouvé une civilisation joyeuse et heureuse, déjà blessée par sa rencontre avec l'Occident, et se demanderait sans doute si les Balinais n'ont pas plus à perdre qu'à gagner dans leur contact avec le monde moderne."

L'univers religieux balinais présente un intérêt prodigieux puisqu'il conjugue hindouisme, animisme et, pour satisfaire à la loi javanaise, obéissance à un Dieu unique, ce qui est incompatible, à priori, avec la Trimûrti hindoue. C'est pourquoi on ne trouve aucune représentation de Brahmâ, Vishnou et Shiva, pourtant vénérés. Qu'importe ! Les Balinais croient à un monde spirituel invisible et organisent sans cesse des processions, portant des offrandes aux esprits qui gouvernent le ciel et la terre, les forces du bien et celles du mal.

Pour eux, la naissance et la mort, mutations nécessaires, participent à l'évolution de l'âme. Ici, la transmigration de l'âme est chose si naturelle que les rites qui l'accompagnent se déroulent sans peur, sans angoisse, sans larmes. "L'âme incarnée, lit-on dans le *Bhagavad-gîtâ*, rejette les vieux corps et en revêt de nouveaux, comme un homme échange un vêtement usé contre un neuf." Les Balinais considèrent la mort comme un passage vers un monde supérieur non terrifiant. Il convient donc de la fêter dignement, aussi la crémation, qui est de règle depuis le XIIIe siècle, est joyeuse et aussi fastueuse que possible.

Ainsi s'achève la vie terrestre pour les hommes, à Bali, dans un chœur gai d'incantations, un concert de timbales et de tambours, des danses aussi, qui accélèrent la délivrance.

Un autre rite de passage, typiquement balinais, est le limage des dents : à certaines dates estimées favorables, les adolescents doivent se soumettre à cette insolite pratique au cours de laquelle leurs canines surtout seront érodées à la lime de façon à éliminer les instincts animaux que représentent les pointes. Les grimaces des patients sont significatives de la douleur endurée en parfaite dignité.

Des cérémonies de toutes natures rythment la vie des Balinais : sempiternelles processions dans les temples (temples privés, de groupes, claniques, royaux, d'Etat, d'irrigation, d'esprits d'un lieu particulier, du lieu de travail, etc.), sacrifices propitiatoires pour se concilier la mer, (Nangluk Merana), rites de purification sur la plage (Melasti), exorcismes du

p. 72 haut : *Temple d'Ulu Danu sur le lac Bratan (Bali-Ouest)*

p. 72 bas : *Préparation à la fête au village de Sebatu (Bali-Ouest)*

p. 73 haut : *Travail du bois, environs d'Ubud (Bali-Sud) ;*

p. 73 centre : *Transport collectif de coqs de combat, village de Tenganan (Bali-Est)*

p. 73 bas : *Ecriture en sanskrit sur* lontar *(feuille de palmier) Tenganan*

Jour de l'an (Nyepi)... Et Uka Dasa Rudra, fête exceptionnelle concernant l'univers, qui a lieu... tous les cent ans !

Nombre de danses pratiquées dans l'enceinte même des temples sont sacrées. Au cours du *sanghyang*, par exemple, les dieux prennent possession des danseurs ; le *sanghyang dedari*, exécuté uniquement par des jeunes filles, est assez spectaculaire : les fillettes, en transe, finissent par s'évanouir, après avoir chassé les mauvais esprits.

Ces fêtes solennelles trouvent leur origine dans une communauté villageoise, fondamentale, appelée *banjar*, très soudée, très organisée. Chaque village, dessiné sur le même plan, le long de rues orientées nord/sud, compte une salle de réunion *(bale agung)*, une sorte de clocher *(kulkul)*, un marché *(pasar)*, un ou des banians sacrés *(waringin)*, un espace clos, aire où se déroulent les combats de coqs *(wantilan)*, (dont on ne sait trop s'ils sont réellement interdits par la loi, puisque tolérés. L'on y parie systématiquement et parfois gros).

A Bali, où l'homme et l'univers se confondent, où l'*atman*, le Soi (ce qui est immuable en l'être humain), s'identifie au *brahman*, l'Absolu, la vie est douce. "Ce qui est dans le monde est dans le corps, et ce qui est dans le corps est également dans le monde", disent les hindouistes.

D'un optimisme inébranlable, les Balinais accomplissent, en dépit du tourisme de masse, leur mission divine. Ils s'accommodent du surnaturel qui, visible ou invisible, fantaisiste, terrifiant autant que bon et généreux, les accompagne. Gamang, d'allure humaine, Memedi, ravisseurs d'enfants, Tonya, esprits des arbres, des sources... et bien d'autres encore, habitant les pierres, les ravins, les torrents, nourrissent leur quotidien.

Jeune danseuse de legong*, Ubud (Bali-Sud)*

Marché aux environs de Batuan (Bali-Sud)

p. 74 *(Bali-Est) :* haut : *Récolte du sel dans des troncs de palmiers, village de Amed* ; bas : *Tissage en double* ikat*, village de Tenganan*

Offrandes pour le temple de Sebatu (Bali-Ouest)

Le soir, rassemblement des canards, région de Tunjuk (Bali-Nord)

Retour de pêche près de Candidasa (Bali-Est)

Femme de pêcheur près de Kusamba (Bali-Est)

Rizières de Pupan, nettoyage et découpe à la machette des murets (Bali-Ouest)

Aridité sur l'île verte (Bali-Est)

Et d'autres îles…

Kalimantan, la forêt bleue

Dans cette région du monde où la nature, exubérante et dangereuse, fait que l'on meurt de septicémie pour avoir été égratigné par une ronce ou avoir été piqué par un moustique, la population, surtout jeune, et pour cause, se pare, avec le plus grand sérieux, de laiton ou de nacre, de perles ou de coquillages. Outre les raisons esthétiques, le besoin de se protéger et de chasser les mauvais esprits apparaît essentiel dans cette démarche.

La coutume qui poussait les femmes dayak à suspendre de lourds anneaux dans les lobes de leurs oreilles, de façon à les distendre jusqu'aux épaules, semble se perdre aujourd'hui, les critères de beauté évoluant avec les déplacements, la *transmigrasi* et la télévision.

La jungle équatoriale restant maîtresse de Bornéo (dont Kalimantan, rappelons-le, est la partie indonésienne ; les régions du Nord appartenant à la Malaisie et au Brunei), les voies de pénétration du fantastique tapis végétal demeurent les cours d'eau, le long desquels s'égrène une fraction non négligeable de la population dayak, qui compte au moins 9 000 000 d'habitants, et que l'on peut diviser en deux groupes : les Iban ou "peuple de la mer", concentrés autour des rivières Kapuas et Sarawak ; les Kajan, les Kenja, les Dusun, les Ngadju, les Bahau, ou "peuple de la terre", disséminés, eux, dans la jungle.

Des tatouages (à motifs floraux surtout) différencient les clans ou familles, déterminent la position sociale, voire la valeur guerrière d'un individu. Les femmes n'en sont pas exemptes et le travail exécuté sur leur corps est tel, qu'un explorateur anglais du siècle dernier, Furness, s'en étonna : "Des femmes portaient des maillots en soie bleue, finement brodés, et leurs mains et leurs bras étaient couverts par de longs gants de soie noire. Je n'étais pas préparé à voir chez des sauvages une toilette si élégante. Ma surprise fut encore plus grande lorsque, après les avoir observées de plus près, je m'aperçus que ce que je prenais pour des vêtements de soie étaient des tatouages."

Les Dayak ont la réputation d'être de solides buveurs de *tuak* (vin de riz) et d'*arak* (alcool de riz) et sont capables de transformer leurs fêtes en orgies. Autrefois redoutables chasseurs de têtes, ils ornaient leurs grandes maisons de crânes empilés dans des cages de bambou ou dans des filets suspendus aux poutres maîtresses.

Sous la pression économique et la cupidité qui gagnent chaque jour du terrain pour l'exploitation du bois et des ressources minières, les longues maisons *(lamin)* sont progressivement remplacées par un habitat individuel, ébranlant ainsi la tradition du regroupement, la vie communautaire soumise à la sentence arbitrale du chef, le *tuwah rumah*. En même temps, les concessions forestières, octroyées à une poignée de bénéficiaires, ne cessent de s'agrandir au détriment de l'espace naturel des Dayak.

Au cours de ces dernières années, de sérieux accrochages ont eu lieu entre les représentants de l'ordre chargés de protéger les transmigrants et les populations dayak (parfois aidées de Chinois et de Javanais), soucieuses de leur environnement. A chaque fois, le nombre officiel de morts, rapporté par la presse, a été très inférieur à la réalité, mais des ONG et même des associations javanaises ont dénoncé cette pratique de camouflage et ont avancé des chiffres plus élevés. (A Jakarta, en mars 1999, un Forum des minorités ethniques de l'archipel, réunissant pour la première fois des dignitaires de plusieurs centaines de minorités, a rendu publiques les menaces auxquelles elles doivent faire face...)

Cependant, l'attachement des Dayak à leur mode de vie ancestral paraît bien dérisoire face à l'afflux de gens assoiffés de richesses, la déforestation par la surutilisation des incendies, le ballet infernal des bulldozers. Quel recours a un Dayak en danger ? Il peut faire appel aux morts (qu'il craint par ailleurs), afin de leur demander de l'aide... "Et souvent, écrivait J. Perham, un homme va passer tout seul la nuit au sommet des collines, ou dans les solitudes de la jungle, dans l'espoir que l'esprit de quelque parent mort pourra venir le voir et lui apprendre, en songe, quelque charme grâce auquel il pourra triompher des difficultés."

Sulawesi, entre sang et boue

La gracieuse Sulawesi, plus connue sous le nom de Célèbes, est habitée par des peuples distincts : les Makassar, les Bugis, les Toraja et les Minahasan.

Les deux premiers, Makassar et Bugis, hommes de mer, réputés "valeureux, impétueux et violents", sont connus pour leur habileté à construire des bateaux à voiles (barges larges et ventrues, capables de supporter des charges énormes, les *prahu* ou les *pinisi*). Ils transportent des marchandises, bois et minerais surtout, entre les îles de la Sonde et Java.

Outre ce commerce, qui les force à passer de longues semaines en mer, voire des mois, ils pratiquaient jadis et pratiquent toujours aujourd'hui, dit-on, la piraterie. Ces marins émérites, qui guident leurs vaisseaux à l'estime et selon les étoiles, sont de religion islamique. Une autre civilisation de Sulawesi, la communauté toraja, qui occupe l'intérieur montagneux de l'île, pour y avoir été refoulée au XIVe siècle, est à dominante chrétienne mais se caractérise par certaines croyances d'origine animiste. Pour elle, il existe un Créateur : Puang Matua. Les âmes des morts se répartissent dans de nombreux cieux, après avoir suivi de "longs et difficiles chemins". Des prêtresses soignent les malades en allant chercher "la force vitale" chez les dieux, grâce à des navires célestes qu'elles savent emprunter. Hommes et femmes toraja passent un temps considérable à organiser les fastueuses fêtes du rituel de la mort.

Les Minahasan, enfin, qui occupent le Nord de Sulawesi, respectent, chose rarissime, une égalité absolue entre l'homme et la femme. En cela, ils auraient pu servir de modèle au colonisateur qui les christianisa mais, hélas, l'Européen, quel qu'il soit, n'a jamais suivi d'autre exemple que le sien. Cette parité parfaite, but visé par les sociétés occidentales modernes, existe bel et bien depuis des siècles chez les habitants de Manado ! Le *hukum tuwah*, le conseil des anciens, veille à la pérennité de cette noble tradition.

Lombok, le prince Rinjani

Sœur de Bali, Lombok, qui a longtemps subi l'influence balinaise, oscille entre animisme, hindouisme et islam *(wektu telu)*, bien que ses habitants, les Sasak, soient officiellement en majorité musulmans.

Ne possédant pas le même éclat que Bali, Lombok reçoit infiniment moins de touristes et son essor, dans ce domaine, ne date que d'une vingtaine d'années. D'un diamètre d'environ 80 kilomètres, l'île est dominée par le puissant Gunung Rinjani (3 800 mètres), dont l'ascension (qui se mérite !) procure d'inoubliables sensations, surtout lorsque la transparence du ciel permet d'apercevoir d'autres îles, badigeonnées de mauve par les premiers rayons de soleil.

Le temple de Suranadi, dans l'Ouest de l'île, est un délicieux lieu de pèlerinage pour les hindous : ses sources sacrées ont jailli, prétend la légende, à la pointe du bâton du saint Niratha.

L'artisanat de Lombok se compose principalement d'objets en fibres naturelles tressées, paniers, boîtes, nattes, et de poteries, de haute qualité, souvent frappées, en creux, de délicats tampons de bois sculpté.

Timor, blessure ouverte

Au XVIIIe siècle, les puissances coloniales hollandaises et portugaises se partagent Timor. Après l'indépendance de l'Indonésie, en 1949, les Portugais conservent la partie orientale de l'île. Mais le 16 juillet 1976, l'Indonésie annexe ce territoire par la force, le déclarant "vingt-septième province du pays". Lisbonne, qui abandonne ses colonies à ce moment-là, ne bronche pas ; que faire d'ailleurs ? Une guerre lointaine contre un nouveau géant pour un "mouchoir de poche" ? Bon gré mal gré, l'Occident se fait complice de la dictature de Jakarta. Cependant, en refusant de reconnaître cette annexion, l'ONU prive les agresseurs d'une base juridique internationale.

En dépit de cette inconfortable posture, les nouveaux occupants, au lieu de se montrer courtois et généreux pour se faire accepter, accumulent les erreurs des maîtres arrogants : ils déplacent une partie récalcitrante de la population et n'hésitent pas à tuer. Il y a de nombreuses victimes depuis, chaque année, toujours devant la quasi-indifférence du reste de la planète.

En recevant en héritage ce "boulet diplomatique" de l'ex-président Suharto, le président Habibie, dans un élan peut-être mal contrôlé mais pris au sérieux par l'ONU, déclare qu'il accepte le "principe de l'indépendance" si la population est-timoraise ne se contente pas de l'espace d'autonomie qu'il se sent forcé de leur proposer, au sein de la République indonésienne. Tandis que s'élèvent ici ou là des revendications autonomistes sur fond de crise économique, le moment semble mal choisi pour lancer pareille promesse ! On connaît la suite : soutenues par l'armée indonésienne, des milices, regroupant des partisans de l'intégration, sèment la terreur dans l'île dès l'annonce du référendum prévu le 30 août.

Quelques oubliés de la nébuleuse : les Badjos

Peuple de la mer à l'origine mystérieuse, vivant sur des pirogues *(leppa)*, ou de sommaires maisons de bois couvertes de feuilles de sagoutier, construites sur pilotis, les Badjos mènent une existence heureuse et libre le long des côtes de l'Indonésie, mais aussi des Philippines et de la Malaisie. Ces nomades sans terre, pêcheurs sans entraves et sans patrie véritable, s'accommodent par force ou par nécessité des lois du pays auquel, provisoirement peut-être, ils se rattachent. Leurs villages éphémères, non répertoriés, sont généralement éloignés des sources et des rivières autour desquelles sont susceptibles de se grouper d'autres ethnies. Méfiants, les Badjos se tiennent à l'écart des populations sédentaires et gardent jalousement leur indépendance et leurs règles propres.

Officiellement musulmans (par commodité et pour avoir la paix), ils n'en restent pas moins animistes, davantage préoccupés par le *setan*, esprit mauvais capable d'apporter la maladie ou la mort (on le calme par d'incessantes offrandes), que par les versets du Coran. Le *dongkoka*, sorte de *dukun* ou chaman, reste le personnage le plus important entre eux et les divinités, essentiellement attachées à la mer.

En *leppa* ou *guiop*, bateaux construits par leurs soins, les Badjos utilisent des filets, des lignes, des harpons. Nageurs exceptionnels, évidemment, ils plongent à la recherche de coquillages dont ils négocient aujourd'hui la nacre. Le "butin" appartient à la communauté et le partage est automatique. Ces "bohémiens" des mers n'ont aucun sens de la possession : l'air, la terre et l'eau sont à tous les hommes et chacun y puise l'indispensable en prenant soin de ne rien détruire. Démunis, mais conscients de la jouissance que leur procure leur immersion dans les éléments naturels, les Badjos connaissent un bonheur comparable à celui des Touaregs.

"3 000 à 5 000 personnes furent tuées dans les mois précédant le scrutin", affirme *The Washington Post* du 5 septembre 1999. Vingt-quatre ans après l'invasion de leur territoire, 78 % des électeurs votent donc pour l'indépendance malgré les forces d'intimidation.

Le 4 septembre 1999, lorsque sont connus les résultats du vote, les milices, ivres de rage devant ce rejet massif de l'offre d'Habibie, se déchaînent. Elles se livrent au pillage et au massacre. Ouvertement laissées libres d'agir à leur guise, elles éliminent les militants indépendantistes, avant de déporter sur la partie occidentale de l'île environ 300 000 personnes.

Selon le rapport de la mission des Nations unies (Unamet), *Reports of the Security Council Mission to Jakarta and Dili*, du 8 au 12 septembre 1999 : "Les preuves d'une liaison directe entre les milices et les militaires ne souffrent aucune contestation et ont été étayées par l'Unamet depuis quatre mois. Mais l'ampleur et la minutie des destructions au Timor-Oriental cette dernière semaine ont démontré un nouveau degré de participation ouverte des militaires à la mise en œuvre de ce qui était auparavant une opération plus camouflée... Le pire est peut-être à venir. On ne peut écarter l'idée que l'on assiste aux premières étapes d'une campagne de génocide pour écraser définitivement par la force le problème du Timor-Oriental."

Deux longues semaines après ces exactions, le 20 septembre, une force multinationale, mandatée par l'ONU (Interfet), sous commandement australien, débarque au Timor-Oriental : son enquête tardive sur les violations des droits de l'homme dans la région dévastée s'annonce, comme la reconstruction, vertigineuse... On a peine à croire, dans ce contexte, que se pose, un jour, le problème du jugement des tortionnaires par un tribunal international.

Moluques, parfums d'épices

Les Moluques, Maluku en *bahasa indonesia*, représentent un millier d'îles, dont la plupart, méconnues, sont dépeuplées.

Le Nord des Moluques a attiré les marchands de clous de girofle, *cengkeh*, et de bois précieux (îles de Ternate, Tidore, Halmahera, archipels de Bacan, d'Obi, de Sula)...

La population des îles du Centre et du Sud des Moluques (Buru, Amboine, Banda, Seram, Haruku, Saparua, Nusa Laut...) est surtout chrétienne et musulmane. Elle est groupée sous le terme Ambonais. Les tribus "païennes" se désignent par le vocable Alfur.

A la suite des lourdes exigences de la Compagnie des Indes néerlandaises qui ratissait sans vergogne les épices de la région, les Ambonais ont souhaité leur indépendance très tôt et ont conservé ce désir vivace, depuis la formation du nouvel Etat indonésien.

Cet archipel éloigné paraît oublié du reste de la planète, pourtant les Moluquois sont doux et accueillants. Leurs orchestres de conques marines, étranges et envoûtants, rappellent poétiquement que, là, tout vient de la mer.

Irian Jaya, l'empire des nuages

Les trois cents tribus d'Irian Jaya (partie occidentale de la Nouvelle-Guinée ; ancienne colonie hollandaise jusqu'aux années 1960) représentent à peine plus de deux millions d'âmes. Elles sont dispersées dans des régions presque inaccessibles, autour des ravins du Puncak (5 039 mètres) et de ses neiges éternelles, dans un véritable enfer de jungles épaisses et de marécages, saturés d'humidité, sur 340 000 kilomètres carrés (soit 22 % du territoire de l'Indonésie !).

Vivant à l'âge de la pierre au plus profond de la forêt, dans des huttes rondes au toit de chaume (ou dans des arbres, pour ce qui est des Korowai ou des Kombai), restant plus ou moins en guerre permanente depuis la nuit des temps (hommes et femmes dorment dans des abris séparés), les cheveux crépus, Papuas pour les Portugais, entretiennent d'étranges rites autour de la mort, et des pratiques cannibales dont on ne sait pas vraiment si elles n'appartiennent qu'au passé.

Pour les fêtes, pendant lesquelles on distribue du porc et des patates douces, des concombres, du casoar, du serpent et des vers, les habitants des forêts et des brumes se parent avec beaucoup d'imagination, de façon spectaculaire : outre des masques de boues, de couleurs vives, ou de noir de fumée, ils portent sur la tête des plumes de paradisiers, de fins bandeaux de fourrure ponctués d'os ou de fragments de nacre, de feuilles tressées ; ils percent leur nez de dents d'animaux sauvages, ou de coquillages taillés, travaillés ; ils accrochent à leurs oreilles des bouts de bambou ou, compromis avec la modernité, des capsules de bouteilles.

Nus, malgré le froid et l'humidité, les hommes ne portent qu'un étui pénien, *koteka* (queue, en indonésien), attaché à la ceinture. Cet objet tubulaire et conique peut servir de sac, à l'occasion. Les femmes, elles, sont vêtues de pagnes de roseaux.

Les Irianais, dont certaines tribus, comme les Yali, accueillent pourtant leurs visiteurs par ces paroles de politesse : "Loués soient vos excréments !", considèrent d'un mauvais œil les transmigrants venus essentiellement de Java, Sulawesi et Bali, à qui ils reprochent une déforestation excessive le long de la trans-irian-jayenne et une exploitation radicale de leurs terres, surtout sur les sites des mines, ainsi qu'un non-partage des richesses.

Un mouvement indépendantiste a vu le jour dans les années soixante et se développe aujourd'hui. Il s'agit du Mouvement pour la Papouasie libre, Organisasi Papua Merdeka, OPM.

Nusa tenggara (petites îles de la Sonde) : Sumba, Sumbawa et Flores...

La modernité n'a pas vraiment atteint ces îles où l'on continue à vivre sur le rythme nonchalant de nos plus lointains ancêtres. Pêche et agriculture traditionnelle (riz, arachides, fèves) occupent les habitants qui construisent leurs bateaux et leurs maisons avec des outils primitifs.

Sumbawa la volcanique est musulmane ; prospère, elle ne manque pas de fournir, chaque année, le plus grand lot possible de pèlerins pour La Mecque.

Sumba la sèche, surtout connue pour son bois de santal et ses chevaux, est animiste. Les hommes s'y affrontent en de rudes jeux de guerre, les femmes y tissent des *ikat* de haute réputation, les *hinggi*.

Flores la ravissante, "l'île aux serpents", baptisée le cap aux fleurs (cabo das Flores), par les Portugais, a conservé une forte tradition catholique. Sur cette terre, où la future épouse se paie un grand prix, car la femme joue un rôle essentiel, chaque cérémonie s'accompagne d'un combat au fouet, *caci*.

Forêt et cascades d'eau chaude dans le parc national de Gede Pangrango (Java-Ouest)

Faune et flore

Forêts aux arbres d'or

Deuxième du monde (après le Brésil) par sa taille, la forêt tropicale indonésienne connaît une dramatique dégradation.

La fin du XXe siècle a été marquée par une destruction massive du manteau forestier. Nos sociétés modernes, qui importent à des prix dérisoires et pour leur plus grand confort des bois tropicaux et leurs dérivés, ont une large part de responsabilité dans ce saccage. Chaque année, des centaines d'espèces animales et végétales disparaissent. Beaucoup, qui nous sont inconnues aujourd'hui, pourraient peut-être nous servir demain dans la recherche et le combat contre les maladies ou des fléaux connus ou à venir... Le problème est complexe. Il est plus qu'urgent de protéger ce qui peut l'être encore mais il faut aussi apprendre et aider à mieux gérer ce patrimoine naturel car les populations indigènes aspirent très légitimement à voir leur niveau de vie s'élever grâce à l'exploitation des ressources de leur pays.

La nature paie un lourd tribut à la mise en valeur de Sumatra et des autres îles... Au fil de mes différents séjours j'ai vu de vastes espaces de forêts de plaine réduits en cendres où achevaient de se consumer des souches et des moignons d'arbres. Triste spectacle. Donnant une idée de l'importance des incendies, en 1998, dans des villes comme Medan, la circulation automobile était perturbée et l'air difficilement respirable... Pourtant beaucoup plus éloigné, l'aéroport international de Singapour, gêné par ce brouillard artificiel, dut fermer temporairement et détourner le trafic aérien. Et toujours à cause des fumées, dans les eaux du détroit de Malacca, des navires sont entrés en collision.

Déforestation, aventure périlleuse

"On allume les torches et tout d'un coup la forêt s'éclaire d'une vive lumière. C'est le moment où tous entonnent en chœur le chant de la récolte du miel. Leurs voix résonnent, impressionnantes, dans la forêt alentour ; tantôt comme un cantique, tantôt comme le vent qui mugit, comme un grondement assourdi, comme un appel, comme un espoir. La première moitié du chant fait l'éloge de l'arbre où se trouvent les ruches : «Il a des racines coriaces, une structure de fer, un feuillage qui protège», et toutes ses parties sont ainsi chantées les unes après les autres..."

Ainsi Bastari Asnin décrivait-il l'harmonie dans laquelle vivaient l'homme et la forêt, dans la région de Lampung, avant que ne surviennent les brûlis dévastateurs.

Depuis, des millions d'hectares ont été détruits par les hommes, soit au profit de compagnies forestières lancées dans un pillage systématique d'essences rares et chères, utilisant des méthodes lourdes d'abattage, soit à cause de la conquête aveugle de colons incendiaires. Souvent, les deux conjugués.

Les vastes forêts, où s'élevaient des "arbres d'or", ont, dans un premier temps, alléché la Compagnie hollandaise des Indes orientales, responsable de la disparition de grosses quantités de *tectona*, dont le bois, brunâtre, dur et dense, réputé imputrescible, le teck, a été largement utilisé dans la construction navale. Malgré cet appétit, au terme de l'époque coloniale, la forêt avait fort diminué à Java, facile d'accès, mais couvrait encore les trois quarts de Kalimantan et d'Irian Jaya, et plus des deux tiers de Sumatra.

Hélas, la politique de Suharto a laissé, entre 1967 et 1975, le champ libre aux compagnies étrangères qui ne se sont pas privées d'exporter, au détriment des peuples de la forêt, de phénoménales quantités de bois. Plus que prévu, au demeurant.

A partir de 1975, cette manne, enfin réservée aux Indonésiens uniquement, va surtout profiter aux proches du président. Dès lors, dans l'anarchie la plus totale, sans jamais tenir compte de leur engagement (pratiquer des coupes raisonnables, dites sélectives), ces nouveaux entrepreneurs, liés à d'importants groupes financiers, se sont acharnés à raser des forêts primaires, ôtant ici des diptérocarpées, précieux résineux, tels que le camphrier, acheté par les Japonais à des prix exorbitants, là des tecks et autres bois durs, proches parents de l'ébénier.

Une surproduction de contreplaqué accompagna cette boulimie suicidaire. De concessions en concessions, toujours plus vastes, les industriels ont réduit de moitié les espaces forestiers reçus en héritage. Dans le sillage de leur défrichage grossier, une ruée d'immigrants, auxquels on a fait miroiter des gains rapides, ont allumé des incendies non maîtrisables.

Le phénomène naturel El Niño ("l'Enfant Jésus", selon les Péruviens), qui contrarie la mousson et accentue la sécheresse, n'a fait qu'aggraver les conséquences de ces incendies provoqués.

Les tribus dayak de Bornéo, qui pratiquaient, à la lisière de leurs villages, un brûlis contenu, réfléchi, toujours sur les mêmes lieux, réinvestis tous les dix à quinze ans, après un temps de repos nécessaire, préservaient la forêt primaire, sacrée, dévolue à la chasse et à la cueillette.

Leur vie harmonieuse avec les esprits de la nature s'est évaporée dans les fumées les asphyxiant, et touchant la Malaisie, la Thaïlande, Singapour et les Philippines.

Dans son livre, *Empire d'Orient*, paru en 1998, Norman Lewis décrit son passage sur l'un de ces sites livrés aux industriels du bois, à Sumatra-Nord : "... De la forêt avait jadis recouvert ces collines, mais elle avait été complètement abattue, puis brûlée. Seul restait un désert sablonneux fardé, Sahara ondoyant griffonné de motifs crayeux."

Nature en majesté

La richesse biologique de Sumatra se découvre dans les monts Barisan. S'étalant encore largement à ses pieds et sur ses contreforts, la forêt pluviale s'offre dans sa splendeur et sa diversité. Le vert s'y déploie dans une infinité de nuances.

En altitude, la sylve devient moins dense. Noyées dans les brumes et les nuages, de nouvelles espèces d'arbres aux dimensions plus modestes apparaissent : châtaigniers, chênes, hêtres, peuplements de conifères, de rhododendrons. Des voiles de mousses et de lichens tapissent roches, branches et troncs. La température fraîchit et sur les plus hauts sommets croissent pelouses et végétation alpine.

Cette nature en majesté est encore protégée (mais pour combien de temps ?) par un relief gênant toute pénétration. Dans ce monde luxuriant et moite où nous n'avons pas notre place toutes les rencontres restent possibles.

Partout palpite une vie secrète et étrange. Bruissements d'une multitude d'insectes dont certaines stridulations évoquent les tronçonneuses en pleine action, ballets de papillons, battement d'ailes, cris rauques de calaos au vol lourd et puissant survolant des vallées profondes à la recherche de fruits des figuiers dont ils sont si friands. Les dernières hardes d'éléphants se cachent au plus profond des bois et quelques félins, ours des cocotiers, tapirs et autres cervidés se coulent dans les fourrés épais. Des bandes de primates, siamangs, macaques, gibbons, semnopithèques, s'ébattent dans la canopée alors que les orangs-outans, discrets malgré leur taille et leur poids, passent avec une apparente désinvolture et une assurance calculée de branche en branche. Sur les troncs courent des lézards qui n'hésitent pas, en cas de danger, à s'élancer dans le vide, à planer d'arbre en arbre comme le font certains écureuils volants.

Aux premières lueurs du jour, des brumes s'échappent des profondes frondaisons en voiles évanescents comme une lente respiration. Au crépuscule, quand l'ombre inquiétante s'installe, une dernière salve de cris et de chants précède l'assoupissement des animaux diurnes. Alors, les minuscules tarsiers sortent de leurs cachettes, des oiseaux de nuit et des bataillons de roussettes géantes s'élancent silencieusement dans les airs, grenouilles et batraciens se font puissamment entendre. C'est le moment des drames et des peurs ; les mauvais esprits craints des hommes seront tenus éloignés des habitations par une petite lampe qui veillera jusqu'au lever du soleil...

Cette nature est trompeuse. Sous son aspect parfois inoffensif se cache un monde cruel et sans pitié. Dans les sous-bois, les déplacements ne sont pas faciles. Des arbres majestueux aux impressionnantes racines, aux immenses ramures et larges fûts se hissent à l'assaut de la lumière. Les figuiers sont étonnants : poussant sur une plante-hôte, ils lancent vers le sol de multiples racines, s'y ancrent et étouffent leur "tuteur". C'est la course à la lumière, à sa caresse. Tous les moyens sont bons pour y parvenir. Des lianes puissantes et souples étreignent les troncs, s'emmêlent en d'inextricables enchevêtrements. Certaines sont couvertes d'un fourreau d'épines, d'autres, interminables et traîtres, sont de véritables fils de fer barbelés. Des plantes à profusion : épiphytes, parasites,

(Sumatra-Ouest)
p. 90 haut : *Défrichage par le feu, région de Curup*
p. 90 centre : *Débitage sur le terrain, région de Songaipenuh*
p. 90 bas : *Dans la forêt de Bukit Barisan National Park, après le feu et les bûcherons...*

champignons, lichens et orchidées, népenthès, plantes carnivores aux formes bizarres, fougères arborescentes majestueuses, vastes fourrés de bambous... Certaines sont vénéneuses ou urticantes, d'autres enfin sont démesurées, c'est le cas de l'*Amorphophalus titanum*, un arum géant, et de la *Rafflesia arnoldii* (un parasite), plus grosse fleur du monde. Après une lente croissance de plusieurs mois, cette dernière s'ouvre une semaine entière, atteint un mètre de diamètre et près de dix kilos avant de dépérir dans une odeur nauséabonde. Des pluies et orages arrosent copieusement toute cette végétation. Sous leur force des arbres entiers s'effondrent, gorgés d'eau et décomposés jusqu'au cœur. Le vide ainsi créé sera vite occupé.

Parcs naturels

En dépit des protections légales dont elles bénéficient, nombre d'espèces animales continuent à être chassées, braconnées et leur survie comme leurs espaces vitaux sont gravement menacés. Néanmoins, une réelle prise de conscience de cette exceptionnelle richesse et de sa fragilité émerge. Gérés par le PHPA (Perlindungan Hutan dan Pelestarian Alam), il existe des réserves de vie sauvage, de grands parcs nationaux et presque tous offrent de beaux itinéraires de trekking à suivre en compagnie de guides et pisteurs confirmés. Hélas, et même si les gestionnaires, responsables et gardes sont souvent compétents et motivés, leur nombre et les moyens financiers dont ils disposent sont insuffisants. Les sanctuaires subissent de fortes pressions de la part de colons, suscitent la convoitise et les appétits de grandes compagnies forestières et peuvent même souffrir d'un écotourisme pas toujours très respectueux. Certains gardes me confiaient, en me montrant de pauvres cabanes illégalement et récemment construites dans des zones surveillées, qu'il leur était difficile de chasser ces familles fuyant la surpopulation de Java, Madura, Bali. Il faut bien que tout le monde vive... L'ennui est que cette colonisation non contrôlée fait tache d'huile.

A Sumatra, dans le Nord, le parc national de Gunung Leuser qui s'étend sur près de 20 000 kilomètres carrés de plaines et de montagnes est le plus vaste de l'île et un des plus importants de l'Asie du Sud-Est. Dans les hautes et fraîches terres du centre, le parc national de Kerinci Seblat (environ 15 000 kilomètres carrés) enserre le volcan Gunung Kerinci. A ses pieds se déploient des plantations de thé, de larges massifs de girofliers et des rizières...

Dans cette région, de petites routes permettent de franchir les Bukit Barisan, de rejoindre Jambi, ou Palembang en traversant des plateaux où sont dispersés de curieux mégalithes et pierres sculptées. Une autre façon de descendre dans le Sud de l'île est de suivre la côte, passer par Bengkulu, Manna, Bintuhan, Krui. Dans la chaleur et la lumière, ce trajet relie de paisibles villages de pêcheurs en flirtant souvent avec l'océan Indien.

Plus bas, sur la côte sud-est, le parc national de Way Kambas abrite des éléphants dressés (et, parfois, quelques

sauvages) et de nombreux oiseaux aquatiques. D'autres zones protégées, de moindre importance par leur taille, recèlent un environnement du plus haut intérêt...

Flore, exubérants jardins d'Orient

Les fleurs reflètent les violences du climat. Elles se singularisent par des formes extravagantes, des architectures complexes auxquelles elles doivent sans doute leur survie : les sarracénies à l'élégante silhouette de saxophone muni d'un opercule incurvé ; les rhododendrons ; les ingénieuses orchidées qui n'en finissent pas d'inventer, pour sublimer leur beauté, des hélices, des antennes, des falbalas, des froufrous... Il en est qui ressemblent à des colonies de papillons, d'autres à des anémones de mer, d'autres encore aux voiles gonflées d'embarcations minuscules. Les "fleurs danseuses" *(oncidium)* ou les fines étincelles phosphorescentes de l'*ubah* animent cet univers mystérieux, dont l'ingéniosité est faite pour le plaisir ou la mort.

Mais cette grâce fugace, fragile, que nous venons d'évoquer, est littéralement noyée dans la masse foisonnante de la jungle. Sous la voûte folle des feuillages, atteignant 60, peut-être 70 mètres de haut, s'enchevêtrent 30 000, 40 000 espèces de plantes... Ce treillis dense s'autogénère, croît au-dessus de sa propre putréfaction. La chaleur permanente et l'humidité favorisent la croissance de 3 000 espèces d'arbres d'or, convoités pour leur richesse commerciale : diptérocarpées majestueuses, (de 200 à 300 espèces !), ornées de "figuiers étrangleurs", ébéniers aux troncs massifs comme des tours, pins tropicaux *(Pinus merkusii)*, araucarias, camphriers...

Sur le littoral, les forêts vierges de Sumatra, Kalimantan, Sulawesi, Irian Jaya, plongent directement

p. 92 haut : *Singe siamang* (Hylobates syndactylus) *(Java-Centre)*
p. 92 bas : *Macaque à longue queue* (Macaca fascicularis) *(Bali)*

Orchidée phalaneopsis

Cabosses de cacaoyer, Theobroma cacao

Vie et décomposition

dans l'eau : les mangroves, compromis entre la terre et l'eau, boues et racines confondues, créent un monde fantasmagorique très propice aux reptiles, aux moustiques et aux... nasiques. Le *pedada* flotte comme une embarcation en se stabilisant dans la vase au moyen de son système racinaire ; le *bacao*, toujours couvert de fleurs, y pousse non loin du *berus* aux arcades faisant songer à des pattes d'insectes hypertrophiés, ou au manglier, "dont les branches pleureuses se replantent et se multiplient"...

Dans les zones moins hostiles, plus tempérées, foisonnent les plantes aux épices qui ont tant fasciné les hommes, ainsi que les innombrables arbres fruitiers : muscadiers des Moluques, la terre des rois ; précieux girofliers dont le cuivre des feuillages se distingue partout ; poivriers... mais aussi cacaoyers, aux lourdes gousses rougeâtres, bananiers, durians aux fruits caparaçonnés de pointes de bois (ces "masses d'armes" à l'odeur si particulière et si forte, à la pulpe crémeuse, blanchâtre, peu appréciées par les Européens – même si Darwin disait d'elles qu'elles valaient bien le tour du monde – sont très recherchées par les Indonésiens).

A côté des eucalyptus, des acacias, des tecks, des *Antalum album*, arbres aux senteurs (le délicat santal), l'arbre du voyageur, en forme d'éventail, et dont les tiges contiennent un liquide très désaltérant, il existe un bon millier d'espèces de palmiers. Le palmier caryote ou "queue-de-poisson" donne du vin, l'aréquier la noix (arec) qui entre dans la composition du bétel, le cocotier (3,5 millions d'hectares) son fruit (dont la pulpe accompagne tous les mets et dont les fibres sont transformées en cordages ou en tapis), le sagoutier sa fécule amylacée, le calamus son rotin ou *rotang*, etc. Comme le palmier, le bambou, herbe géante, représente une matière originale à usages multiples. Il peut être considéré comme le végétal le plus utile de l'Asie, car il sert aussi bien pour les ponts, les échafaudages que pour les charpentes des maisons ou pour l'édification des cloisons internes et externes. On en fait des meubles, des verrous de portes et de fenêtres, des paniers, des cages, des ustensiles ou des récipients destinés à la cuisine et qui résistent à la vapeur. On en fabrique aussi des instruments de musique, des palanquins, des flèches, des pipes, des jouets et... des livres.

Faune, dix mille arches de Noé

L'archipel abrite 500 espèces de mammifères dont 200 environ sont concentrées sur la seule île de Sumatra : les fameux orangs-outans, "hommes de la forêt", appelés aussi *pongos*, au pelage acajou, à la face glabre et au regard bouleversant ; leurs parents *joja* et *simakobu*, singes agiles, vivant en familles nucléaires ; les gibbons bilou aux mains blanches, que les Mentawai considèrent comme leurs ancêtres ; les grands félins, énigmatiques tigres de légende, à la robe solaire rayée de ténèbres ; les léopards et les panthères ; les éléphants et les rhinocéros... Les marsupiaux, vraisemblablement originaires d'Australie, dont le kangourou d'Irian Jaya, l'algonquin à somptueux pelage noir, blanc et gris, le *Didelphys marsupialis*, complètent ce vaste tableau. Mais celui-ci resterait fragmentaire et relativement peu coloré si nous n'y ajoutions 1 500 espèces d'oiseaux et d'innombrables

reptiles, pythons et crocodiles, varans et iguanes, batraciens, tortues marines...

Pour faire juste mesure, n'oublions pas quelques milliers de papillons, 1 700 espèces de vers parasites et une infinité de vies minuscules, insectes, mouches moustiques, sangsues terrestres...

A l'opposé de cette vision peu sympathique, l'éclosion de milliards de lucioles, une nuit, sur les jeunes pousses du *padi*, dans les rizières au nord de Yogyakarta, sur les flancs du Merapi, reste pour moi l'une des plus ensorcelantes images, un brasillement majestueux, un enchantement féerique. Avec la faune de Nusantara, tout n'est que surprise !

Equateur, tropiques, ligne Wallace

A première vue, de Sumatra à Timor, les îles forment une chaîne tellement régulière que l'on peut s'attendre à y découvrir une homogénéité de la faune et de la flore. Il n'en est rien : Alfred Russell Wallace, naturaliste anglais du XIXe siècle (qui avait, entre autres, développé les mêmes idées que Darwin, sur la sélection naturelle), mit en évidence que, de chaque côté d'une ligne virtuelle, passant entre Kalimantan et Sulawesi, puis Bali et Lombok, s'étaient développées des espèces différentes. A l'ouest de cette ligne (Eurasie), la faune s'apparente à celle de l'Asie ; à l'est (Wallacie), elle est de type australasien.

Espèces endémiques à foison

Sur l'archipel en général, mais surtout à Sulawesi, des espèces spécifiques, curieuses, 816 dit-on (356 oiseaux, 310 mammifères et 150 reptiles), se sont implantées : on ne trouve nulle par ailleurs le babiroussa, cochon-cerf, sorte de sanglier doté de défenses recourbées au sommet de son groin et capables de lui percer la tête ; le nyctimeninac, chauve-souris au pelage clair, aux yeux globuleux et rouges, au nez double, formant des cylindres écartés ; l'anoa, le buffle nain ; le tarsier, lémurien de la taille d'un rat ; le tapir noir et blanc, as du camouflage... Le dragon de Komodo, varan pouvant atteindre trois mètres de longueur et dont la langue fourchue, si mobile, remplace les autres sens ; le paradisier, "fleur des airs", des Moluques ou d'Irian Jaya, qui enchante ces arches perdues, sont parmi les plus fragiles et les plus menacés...

Oiseaux, fonds sous-marins, un luxueux carnaval

Les premiers oiseaux que l'on aperçoit, lorsqu'on arrive à Java, sont privés de liberté : chaque habitant possède une ou plusieurs cages, où des mainates religieux, orange et noir, côtoient des perroquets couleur de flammes, peut-être des *nuri raja* d'Amboine ou des loriquets papous d'Irian Jaya, ou des perruches, très mobiles, minuscules, jaune d'or, bleu azur, vertes, des guêpiers à gorge bleue, élégants et fragiles, au long bec incurvé, des merles, dont le plus rare, écarlate, noir et blanc, est le *shama*, des grives à huppe claire, des loriots, des tourterelles... (Appelées *perkutut* ou *ketiran*, les tourterelles ont la réputation de tenir à distance l'infortune.)

Ces volatiles, qui parfois participent à des concours de chants, dans des espaces réservés, hérissés de mâts destinés à l'ascension des cages, sont, à divers degrés,

témoins de la vie quotidienne et annonciateurs de bons ou de mauvais présages. La maladie d'un oiseau est synonyme de malheur. Dans un autre registre, un voleur qui souhaite voir s'améliorer ses qualités d'adresse prend soin de se protéger d'une patte de corneille avant de se livrer à sa triste besogne.

Dans les *pasar burung*, les marchés aux oiseaux, bruissant de mille roucoulements, caquetages, jacassements et trilles, l'on trouve des bisets, dans le plumage desquels les adolescents fixent des sifflets, puis des paons, des poules et des coqs de toutes formes, les uns ronds, blancs et lisses comme des galets de rivière, les autres ébouriffés, hirsutes au point qu'il faut regarder attentivement pour différencier la tête de la queue.

Pour voir d'autres oiseaux, il faut bien sûr s'aventurer dans les forêts profondes des différentes îles ou dans les parcs. Evoluant sur leurs 17 508 arches de Noé naturelles qui dérivent dans les mers chaudes, leur parade carnavalesque n'a rien à envier à celle des populations aquatiques aussi étonnantes.

A l'abri des récifs coralliens

L'Indonésie possède 10 % des récifs coralliens de la planète. Ils retiennent 3 000 espèces de poissons, plus spectaculaires, plus originaux les uns que les autres : du poisson-lune, au poisson-lime, en passant par le poisson-perroquet à ventre vert, ou par le rouge poisson cardinal à la mine fort boudeuse, ou encore par le plectorhinchus, dont le jaune vif et l'azur sont rayés de noir, comme les camisoles des prisonniers, le grand défilé masqué peut commencer ! Mais devant pareille profusion, seule une encyclopédie peut répondre à l'insatiable curiosité de l'ichtyologiste.

p. 94 haut : *Fleur de flamboyant,* Caesalpinia pulcherrima
p. 94 bas : *Heliconia*
p. 95 haut : *Une des nombreuses espèces de népenthès, plante carnivore*
p. 95 bas : *Fruits et fleurs de gingembre*

Mygale

Vipère arboréale

Orang-outan (Pongo pygmaeus)*, parc national du mont Leuser (Sumatra-Ouest)*

haut à gauche : *Rainette* (rana sp.) ; haut à droite : *Papillon atlas* (attacus atlas)
bas à gauche : *Scarabée rhinocéros* (dynastinae xylotrupes gideon) ; bas à droite : *Criquet*

Mont Bromo (Java-Est)

Volcans : outrance et fascination

L'archipel de Vulcain

Volcans, le sang de la terre

Tanah Air Kita signifie en *bahasa indonesia* “notre terre et notre eau, notre patrie”. C'est le surnom que les Indonésiens ont donné à leur pays. Ils auraient pu ajouter à la formule consacrée *Gunung Api*, “nos montagnes de feu”.

En effet, si la mer est omniprésente, reliant de son manteau les milliers d'îles, les volcans ne le sont pas moins ; ils s'inscrivent systématiquement dans ces paysages de commencement du monde : l'Indonésie est un archipel de Vulcain.

Le paysage indonésien se modifie sous l'incessante poussée de ces monstres (une éruption importante a lieu en moyenne tous les trois ans) : le magma pulvérisé recouvre d'anciens dépôts, créant de nouvelles plaines alluviales fertiles, sources de vie.

En 1778, l'éruption annoncée du Gunung Api, près de Banda, au sud des Moluques, changea la physionomie de ses bases et celles des îles proches.

En 1994, le Gunung Merapi, “le lieu du feu”, au centre de Java, fit, d'une simple nuée ardente de huit kilomètres, près d'une centaine de victimes, tapissant de cendres grises une vallée verdoyante, à l'ouest de Kaliurang. (Malgré une veille permanente, exercée depuis quelques observatoires construits du temps des Hollandais, ainsi que par la station de surveillance de Yogyakarta (MVO), des avalanches incandescentes de moyenne importance, comme celle-ci, sont quasiment imprévisibles.)

Des volcans et des dieux

Si les temples bouddhique de Borobudur et hindouiste de Prambanan ont été érigés près du Gunung Merapi, le temple mère de Bali, le Pura Besakih, se trouve, lui, sur les pentes du Gunung Agung. Les hommes se sont installés, pour les vénérer, à proximité des montagnes de feu qui donnent la vie.

En grondant parfois, les volcans expriment le mécontentement des divinités qui les habitent, et les hommes doivent alors se remettre en cause, trouver en eux l'origine du désordre. Aujourd'hui musulmans dans leur majorité, les Indonésiens adhèrent néanmoins à de très anciennes croyances liées aux génies de ces lieux : le sultan de Yogyakarta, qui entretient une relation privilégiée avec l'esprit du Merapi, protège ses sujets par sa seule présence physique dans la ville. Si une éruption survient tandis qu'il est en voyage, il retourne immédiatement dans son palais, afin de jouer ce rôle de bouclier qui lui est dévolu. Il a nommé des gardiens de ce volcan puissant, des *dukun*, des sages, chargés d'entrer en communication avec le génie du feu, de dialoguer avec lui pour le calmer, lui apporter, selon la nécessité, quelques offrandes.

De même, aux Moluques, le sultan de l'île de Ternate a un contact métaphysique avec le volcan Maga Lama : le front ceint d'une couronne d'or ornée de pierres précieuses, que ses ancêtres ont, paraît-il, reçue des dieux, il a fait le tour de l'île, en barque, afin de prier, lors d'une inquiétante éruption, en 1983... et le Maga Lama s'est apaisé !

Colosses de feu et beauté du diable

La luxuriance de la nature et sa prodigalité sont dues en grande partie à la présence et à l'activité de plus de 400 volcans qui s'égrènent du Nord-Ouest de Sumatra jusqu'à Lombok et Nusa Tenggara. Certains sont éteints, d'autres simplement assoupis et 128 demeurent actifs. Paradoxalement, les régions qui se trouvent sous leur menace sont les plus peuplées car si les montagnes de feu exigent de temps à autre leur part de vies humaines, elles sont le plus souvent généreuses. La moindre éruption propulse dans l'atmosphère d'énormes quantités de poussières et de cendres, riches en minéraux, qui se mêlent à la terre et aux eaux des sources et des rivières provoquant une fertilisation naturelle, quasi permanente, permettant de réaliser jusqu'à trois récoltes par an. Toujours à la merci du réveil brutal d'un monstre endormi les hommes acceptent le risque. Ils s'éloignent quand le danger devient imminent et reviennent dès que possible. Fatalistes ? Sans doute, mais que pourraient-ils faire d'autre. En outre, les dépôts et coulées de lave sont exploités, pour la construction des habitations, des routes, la sculpture, la fabrication de pierres tombales et autres ustensiles de cuisine...

L'énergie géothermique domestiquée constitue une autre ressource. Sur la vaste étendue du Kawah Kamojang (Java-Ouest), un des sites où cette puissance quasi illimitée est mise au service de l'homme, de nombreux forages ont été effectués en profondeur pour capter la vapeur d'eau, très chaude et à haute pression. De grosses tubulures fumantes aux jointures zigzaguent sur des kilomètres dans la montagne, pour finalement se raccorder à une centrale. La vapeur fait tourner des turbines qui produisent de l'énergie électrique. Cette force devient d'une intéressante rentabilité avec la multiplication des stations thermiques. De plus, le développement de matériels plus performants et résistants pourrait encore réduire les coûts de production.

Les volcans fascinent. Même si mes amis volcanologues Katia et Maurice Krafft m'enthousiasmaient par leurs récits, leurs aventures et leur amour pour ces montagnes de feu, jamais je n'avais approché ces dernières. Mon expérience débuta avec le Tangkuban Prahu (2 076 mètres, Java-Ouest, formé de dix cratères) qui domine la grande ville de Bandung. Bien qu'actif, ce volcan attire chaque année des dizaines de milliers de visiteurs. Je découvris là l'intérêt et la curiosité qu'éprouvent les Indonésiens à l'égard de ces monstres fumants. Beaucoup de jeunes d'ailleurs passent leurs

vacances scolaires, à faire leurs ascensions, sac au dos. Dans cette cohabitation forcée, mieux connaître son adversaire c'est lui ôter une part de mystère et prévoir plus efficacement ses réactions.

Si certains sont faciles d'accès d'autres sont moins aisés à gravir. Parmi eux, au centre du parc national de Gede Pangrango (Java-Ouest), pointe, face au Gunung Pangrango (3 019 mètres), le Gunung Gede (2 958 mètres). La montée est rude et longue à travers une jungle épaisse avec ses cascades d'eau chaude, avant d'atteindre les derniers espaces dénudés. Au sommet un large et profond cratère fume doucement. Pas un bruit. Le calme total et l'immensité des paysages. Seul le vent fait frémir les grands bouquets d'edelweiss de Java *(Anaphalis javanica)* qui colonisent les hauteurs. Superbe ! Depuis les volcans m'attirent et je vis, avec eux, une véritable histoire d'amour.

J'avoue pourtant ne pas avoir beaucoup apprécié la personnalité du Krakatoa (Java-Ouest). En réalité, il s'agit de l'Anak Krakatoa. Situé en pleine mer, entre Java et Sumatra, il est né en 1928, bien après la disparition de son redoutable "père" le Krakatoa. L'explosion phénoménale de ce tueur, en 1883, suivie d'un tsunami qui balaya les côtes de Java et Sumatra, fit plus de 36 000 morts et l'onde de choc s'est propagée jusqu'en Amérique du Sud. Il ne subsiste de son cratère anéanti qu'une petite île dominée maintenant par son rejeton qui prend de plus en plus d'importance. En faisant le tour du cône de l'Anak, en bateau, on découvre, signes d'une activité sporadique, des fumerolles et, figées par la mer, de longues coulées de lave couleur de rouille, torturées par des forces colossales. En quelques endroits, la végétation s'installe, de grandes touffes d'herbes et une petite forêt se développent, taches de verdure contrastant dans ce monde de basalte. Le dôme couvert de scories, de cendres chaudes et de bombes qui roulent sous les pieds est noir, raide et sinistre.

Facile à approcher, le Gunung Papandayan (Java-Ouest, 2 662 mètres) surprend et impressionne. De loin, c'est une étrange cuvette éventrée d'où s'élèvent en silence de hautes colonnes de fumées blanches qui se mêlent aux nuages bas. De près, il s'agit d'une véritable Cocotte-Minute que l'on dirait prête à exploser. Ce qui s'est d'ailleurs déjà produit à plusieurs reprises. Sous nos pieds, une immense machinerie est en activité. Des sons étranges s'en échappent : chuintements, grognements, soupirs, râles... Le sol est boursouflé et chaud, craquelé, couvert de pustules, de

Volcan Papandayan (Java-Est)

protubérances, de cheminées, de tuyères sifflantes. Par des ouvertures béantes et sombres, montent des coups sourds, caverneux qui semblent être les battements d'un cœur monstrueux. Poussées par le vent des volutes de vapeurs brûlantes aux odeurs écœurantes produites par le sulfure d'hydrogène tourbillonnent et gomment subitement le paysage. Les yeux pleurent, la gorge pique, la respiration manque. De l'eau chargée d'acide glougloute et pétille de milliers de bulles. Le jaune aux mille nuances prédomine : soufre en plaques, cristaux, aiguilles. Cet or du diable ourle les évents et tapisse la moindre cavité d'inflorescences aux délicates arabesques, de pétales, de voiles de paillettes... Devant cette étrange beauté, cette nature que l'on sent si forte, cette puissance troublante, presque surnaturelle, on se sent bien petit. Ce monde fascinant est dangereusement sournois. L'oxyde de carbone rôde partout, prisonnier dans des crevasses ou rampant en nappes invisibles sur le sol...

Dans Java-Centre, dominant de ses 2 911 mètres la ville de Yogyakarta et sa campagne surpeuplée s'élève le Gunung Merapi, un volcan mythique mais aussi un des plus dangereux de la planète. Son cône quasi parfait avec son panache de fumée se repère de loin : une majesté souvent cachée par d'entêtants nuages. Extrêmement actif, il est chapeauté d'un monstrueux dôme de lave visqueuse qui monte insensiblement et s'effondre de temps à autre le long de ses flancs en provoquant de méchantes coulées brûlantes. Au petit matin, au sommet, le soleil illumine des pics déchiquetés de lave solidifiée et des arêtes acérées qui se dressent au-dessus d'une mer de nuages aux ondulations argentées. Le ciel est d'un bleu presque noir. Sous l'effet d'une brise très

p. 100 haut : *Centrale thermoélectrique de Kamojang (Java-Ouest)*
p. 100 bas : *Bulles de boue d'origine volcanique, région de Kradenan (Java-Centre)*
p. 101 haut : *Caldeira et le volcan Bromo (Java-Est)*
p. 101 centre : *Lac du Kawah Putih (Java-Ouest)*
p. 101 bas : *Taille de blocs de lave, village de Putuh (Java-Centre)*
p. 103 haut : *Entre Java et Sumatra, l'Anak Krakatoa*
p. 103 bas : *Gede (Java-Ouest)*

fraîche, la vapeur masque le cratère. Impossible de voir le cœur de la “bête” mais on le devine sous les nuages. Tout près se trouve l’immense bouchon de lave pâteuse et grise. On dirait une gigantesque meringue fissurée, qui ne cesse de s’épancher et de glisser très lentement mais inexorablement vers le vide. La nuit, parfois, des blocs de magma incandescent se détachent du dôme, roulent, bondissent en décrivant des arabesques avant de disparaître dans le noir. Silence, pureté, immensité... Les deux millions d’habitants de Yogyakarta, et les milliers de paysans qui montent toujours plus haut sur les flancs du Merapi (plus de 700 habitants/km²), à la recherche de terres fertiles, vivent sous la menace constante d’une catastrophe. Rien qu’au cours des dix dernières années des alertes très sérieuses ont eu lieu. Explosions spectaculaires, nuées ardentes, lahars... Des destructions partielles de villages, de cultures, peu de morts heureusement... Si la clémence des dieux peut être invoquée, la vigilance des hommes y est aussi pour quelque chose. Car ce volcan, comme d’autres, est sous haute surveillance. Des appareils de mesure, de détection sont reliés à des centres de contrôle permanents. Des chercheurs, des scientifiques du monde entier sont à leur chevet, étudient leurs moindres soupirs et mettent au point des systèmes qui permettront par la suite de déclencher l’alerte suffisamment à temps pour évacuer les zones menacées.

Situé dans le parc national de Bromo Tengger Semeru, le Bromo (Java-Est, 2 392 mètres) est un volcan sacré pour les hindouistes. La région, essentiellement peuplé par les Tenggerais, descendants de l’empire Mojopahit

et dernière grande minorité hindoue à vivre sur Java, est superbe. La terre est riche et d'une étonnante légèreté. Les cultures en escaliers sur les flancs escarpés des montagnes montrent l'habileté et la ténacité infinies des paysans. Certains champs de pommes de terre, d'oignons ou de choux sont parfois tellement pentus qu'il n'est pas facile de s'y déplacer et encore moins d'y travailler. Au centre d'une immense caldeira, près de deux autres volcans éteints et un peu plus élevés (le Batok, 2 440 mètres, et le Kursi, 2 581 mètres), le Bromo trône tel un monarque. De son cratère en entonnoir presque parfait, montent, s'échappant de crevasses sulfureuses, de larges volutes de fumées blanches. Malgré son aspect débonnaire, il reste redoutable : sa dernière colère a eu lieu en 1979. Bien plus loin, se détache nettement en arrière-plan le très actif et impressionnant Gunung Semeru, le plus haut sommet de Java culminant à 3 676 mètres. Ce géant impressionne par sa taille, la beauté de sa forme et par les immenses et lourds panaches de bombes et de cendres qui s'en échappent avec une surprenante régularité. Expulsés par de violentes explosions, ils forment un immense champignon et se dispersent à plus de 1 000 mètres d'altitude.

Dans l'Extrême-Est de Java, les volcans se hissent presque en face de Bali. Parmi eux, le Kawah Ijen (2 390 mètres) fait bande à part. Emergeant d'un vaste plateau couvert de plantations de café, ses flancs sont tapissés de hautes herbes et d'une forêt peu épaisse. Au fond de son cratère un grand œil vert fixe le ciel bleu. Enchâssé dans des parois escarpées aux profondes ravines instables, fouillées par l'érosion, un étrange lac sommeille. Ici, rien ne

Cultures sur les flancs du plateau volcanique de Dieng (Java-Centre)

pousse. De fines franges d'un jaune profond flottent ici et là. Du soufre. Maurice et Katia Krafft ont eu l'audace et le courage d'y naviguer dans un petit canot pneumatique pour se livrer à des observations scientifiques. Plus tard ils me confiaient que ce lac de vitriol était unique au monde pour la richesse et l'importance de ses différents composés chimiques. Un trésor que pourtant aucun industriel ne se risquera à exploiter : trop dangereux. D'une imposante boursouflure, de gros jets de gaz brûlants sortent en rugissant, piquent les yeux, irritent la gorge et les bronches. Dans cette antichambre de l'enfer des hommes travaillent, ombres noyées dans les vapeurs sulfureuses tourbillonnantes. Ils réajustent aux évents de lourds tuyaux qui captent les gaz. Ceux-ci s'y condensent et sortent en filets de soufre pur, d'un rouge vif qui passera au jaune en se refroidissant. Ces dépôts sont ensuite brisés à coups de barre à mine et entassés dans les paniers portés à l'aide de palanches. Avec un dénivelé de près de trois cents mètres, la remontée du cratère se révèle éprouvante. Un étroit sentier gravit la paroi, chaos de rocs surchauffés par le soleil. Les pierres roulent sous les pieds, la roche s'effrite, le vide n'est pas loin. Lourdement chargés, des dizaines d'hommes, en sueur, les muscles tendus, grimpent. Parfois, un coup de vent rabat des nuages sulfureux sur eux. Dur alors, de ne pas suffoquer, de calmer le cœur qui bat la chamade, de garder les yeux secs... Ces véritables forçats, au physique si frêle, sont d'une résistance et d'une ténacité incroyables. Au sommet, sur la lèvre du cratère, dans la fraîcheur, ils s'accordent une pause, le temps de fumer une *kretek*. Une longue descente les attend, dans la forêt, sur un chemin mieux tracé. Les hommes s'y coulent avec leur démarche si caractéristique imposée par le balancement et la flexibilité de leurs palanches. Au bout de deux kilomètres environ, arrêt à une cabane pour la pesée. Une balance romaine avouera couramment des poids de 70-80 kilos pour franchir parfois – et je l'ai vu – le quintal... A l'époque où j'étais avec eux, ils étaient une centaine à travailler et ils tiraient chaque jour de l'Ijen environ huit tonnes de cet "or du diable".

Le chargement sera ensuite acheminé sur près de sept à huit kilomètres jusqu'à l'aire de stockage de Pos Paltuding. Des camions prendront le relais pour descendre dans la plaine, où le soufre sera traité pour être, plus tard, utilisé dans les raffineries de sucre, l'industrie chimique et pharmaceutique. Pour ce travail de titan, ces hommes, qui forment une corporation, toucheront environ 100 roupies par kilo et certains feront, malgré la fatigue, jusqu'à trois navettes dans la journée ! Les gains leur permettent de vivre un peu mieux que les paysans rivés à leurs rizières. Certains s'achètent des terres, d'autres construisent des maisons plus confortables ou paient des études à leurs enfants. Pour ceux qui ne sauront pas s'arrêter à temps, la retraite sera très brève.

L'Ijen et les forçats du soufre (Java-Est)

Temples de Prambanan (Java-Centre)

Spiritualités sans frontières

Animisme, l'épreuve du temps

Dans un monde redoutable et redouté, comment ne pas chercher à prévenir, voire infléchir les dangereux caprices de la nature ? Le panthéon animiste s'est fatalement développé sur des terres si rudes, si instables. Resté vivace dans les îles dites périphériques, les plus inhospitalières et les moins visitées, il demeure perceptible dans les îles du milieu, pourtant très marquées par les guerres, les vagues successives des grandes religions. Même là, l'idée d'harmonie de toute la Création demeure cruciale. Pour les habitants de Kalimantan, le dialogue avec les demi-dieux, les esprits, bons ou malveillants, est constant : les Iban n'entreprennent rien sans avoir consulté les augures, ils lisent l'avenir dans certains aliments ; les Benua repoussent les influences maléfiques en disposant sur les lieux sensibles des bâtons magiques, des clochettes, des dents de tigre ; les Hommes Fleurs, les Mentawaï, de Sumatra, interrogent les entrailles des poulets et des porcs...

Sur l'île de Sumba, des prêtres de la religion animiste *merapu* gagnent, à cheval, des sites sacrés où ils communient avec les esprits *(pasola)*, tout en frappant des tambours réalisés avec la peau de prisonniers ennemis ; après avoir examiné des *nyale*, vers de mer visibles une fois l'an seulement, ils sont en mesure de faire certaines prédictions, sur l'abondance des récoltes, notamment, ou les risques de disette. Si les *nyale* ne sont pas au rendez-vous, il faut, pour compenser le malheur qui se profile, que le sang des hommes abreuve la terre ; des joutes à cheval sont donc organisées, et les guerriers s'affrontent au javelot.

Tous entretiennent le culte des ancêtres. En Irian Jaya, l'on fait couramment appel à la protection surnaturelle des puissants disparus ; à Sulawesi, dans le pays toraja aussi, où les *tau-tau*, effigies de bois à l'image des morts, sont chargés d'intercéder auprès des dieux.

Les poupées de Sumatra, analogues aux *tau-tau*, qui aident les défunts toba à pénétrer dans leur nouveau royaume, s'appellent *si gale gale*. Contrairement aux *tau-tau*, pieusement conservés devant les falaises-cimetières toraja, celles-ci sont démembrées après les rites funéraires.

Il y est communément admis que l'esprit d'une femme morte en couches *(kuntilanat)* est à redouter : pour éviter que son fantôme ne vienne tuer ou enlever des enfants, par dépit ou par jalousie, il est conseillé de fixer ses cheveux ou ses vêtements au fond de son cercueil, de lui attacher les pieds. Il n'est pas superflu de l'enterrer avec un fragment de tronc de bananier qu'elle confondra sûrement avec son propre nouveau-né.

Si quelqu'un a subi une mort violente, son voyage vers le cimetière doit être compliqué de zigzags, de détours dans la campagne et la forêt, afin qu'égaré il ne revienne pas hanter ses proches. On l'enterrera de manière qu'il ne puisse en aucun cas apercevoir son village...

Chez les Toba, grâce au *tunggal panaluan*, le bâton des ancêtres (sept sculptures anthropomorphes superposées à des chevaux, buffles et serpents), le *datu*, le prêtre, commande la pluie et protège la cité. Les Bataks prétendent que le *tunggal panaluan*, dont l'utilisation semble se perdre

aujourd'hui, trahit les voleurs et danse tout seul durant les rituels. Il existe un second bâton magique à l'efficacité analogue, le *tunggal malek*, lisse et dont la crosse représente un personnage couronné à cheval.

Chez les Javanais, convaincus de monothéisme, demeure un fond animiste indestructible, d'une étonnante fécondité : j'ai vu des chrétiens et des musulmans confectionner en secret des pyramides de bambous effilés, sortes de balais de sorcières enjolivés de piments rouges, destinés à éloigner une pluie indésirable (et cela fonctionnait !) ; je les ai entendus s'estimer victimes du *tuyul*, génie frondeur de la taille d'un enfant, surtout voleur, ou de *Gendruwo*, grand comme un Occidental corpulent, qui, dissimulé dans les recoins sombres des jardins, jette parfois des pierres contre les portes et les fenêtres ou sur les toits (quand il n'asperge pas les hommes de *sirih*, jus rouge, de bétel) ; je les ai surpris en train d'épier un *banaspati* invisible, agitant, en l'absence de vent, des branches d'arbres (sous l'œil probablement amusé d'un *bungauk*, autre esprit, plus gai) ; je les ai regardés abattre un jaquier, sous prétexte que celui-ci, trop majestueux, narguait le volcan Merapi et risquait ainsi de provoquer sa colère !

Pour clore cette liste abrégée de créatures peuplant la nature imprégnée d'une dimension magique, on considère généralement qu'une cheville blessée au cours d'une marche est le résultat de la vengeance d'un esprit dérangé ou piétiné. (Je l'ai expérimenté à mes dépens, dans les parages du volcan Merapi, et l'explication m'a été sérieusement donnée par une personne tout à fait digne de respect.)

Pour éviter tout malentendu avec les esprits, mieux vaut donc prendre, d'une manière générale, quelques précautions : une offrande *(besajen)* participe aux relations de bon voisinage ; un *jimat*, une amulette, assure une protection efficace contre des forces négatives.

Les sultans javanais, quant à eux, entretiennent des relations particulières avec les esprits des volcans d'une part, et la déesse des mers du Sud d'autre part, qu'ils "épousent" en une étrange cérémonie, Nyai Loro Kidul, la reine de l'océan Indien.

L'emplacement des pavillons de leurs palais correspond à un "ordre cosmique" : ce n'est pas un problème d'architecte, mais encore de sages. Eux savent détecter les lieux chargés d'énergie spirituelle. Ils considèrent que certaines tombes, certaines sources ou forêts sont sacrées, privilégiées pour le recueillement, la méditation, la communication avec Dieu.

Chez d'autres musulmans, les Bugis de Sulawesi, qui croient être les descendants des grands sauriens, des femmes assurent avoir accouché d'un varan ou d'un crocodile, un jour ou deux après avoir mis au monde un enfant. Le garçon ou la fille et l'inattendu "cadeau des dieux" sont considérés comme jumeaux : l'un et l'autre, consignés "descendants légaux" à la mairie, reçoivent un

Temple de Borobudur (Java-Centre)

acte de naissance, dûment signé et tamponné par des mains officielles. Soignés et chéris comme des membres de la famille à part entière, ces êtres dénaturés mènent alors une existence oisive qui les condamne à mourir jeunes. Avant de partager le tombeau familial, ces "divinités" auront livré des messages importants à la mère, au frère ou à la sœur, et attiré les dons de ceux qui, parents, amis ou simples curieux, auront souhaité s'assurer leur protection.

Pour les hindouistes de Java et Bali, le volcan Bromo est dédié à Brahmâ : une fois l'an, un pèlerinage est organisé à son sommet, afin que les fidèles puissent le rassasier d'offrandes. Aujourd'hui, chèvres et poulets, fleurs et fruits remplacent les éléphants, les tigres et les panthères que les ancêtres poussaient dans le cône fumant.

Hindouisme et bouddhisme, de la pratique aux mythes immortels

L'Indonésie du XXe siècle révèle de façon évidente que l'hindouisme et le bouddhisme, très antérieurs à l'islam, ont fusionné de manière singulière avec les nouvelles religions, laissant transparaître des traces de leurs valeurs spirituelles.

p. 111 : *Pays batak, sarcophage du roi Sida Butar, île de Samosir, village de Tomok (Sumatra-Nord)*
p. 112 : *Temple de Borobudur (Java-Centre)*
p. 113 haut : *Temple de Besakih (Bali-Est)*
p. 113 centre : *Prêtre au temple de Taman Ayun (Bali-Ouest)*
p. 113 bas : *Temple chinois à Yogyakarta (Java-Centre)*

S'il ne reste aujourd'hui que 2 % d'hindouistes et 1 % de bouddhistes, 23 700 temples hindouistes et 3 900 temples bouddhiques (dont beaucoup ont subi les outrages de la forêt vierge) rappellent le temps de la suprématie des royaumes indianisés.

L'Asie du Sud-Est reçut, dès le IIe siècle après J.-C., des éléments de religion et de culture indiennes. Teinté d'animisme ancien, le syncrétisme hindo-bouddhiste d'aujourd'hui rend difficile la distinction entre ces religions.

Le fait est que les épopées du *Râmâyana* et du *Mahâbhârata* caractérisent l'essentiel du théâtre et de la danse actuels, et que des monuments spectaculaires d'élégance et de raffinement ont été construits à l'apogée de la foi bouddhique et du rayonnement hindouiste.

Le plus important est, sans conteste, *candi* Borobudur, littéralement "le temple aux bouddhas innombrables", stûpa ou mandala géant, élevé entre 750 et 800 de notre ère, dans la plaine fertile de Kedu-Ebene, près de Magelang et de Yogyakarta, au centre de Java. La dynastie bouddhiste des Sailendra a demandé à cinq générations consécutives d'ériger cet imposant vaisseau de pierres pyramidal de cent dix-huit mètres de côté et de trente-cinq mètres de haut, composé de cinq terrasses quadrangulaires superposées, surmontées de trois terrasses rondes portant soixante-douze stûpas, coupoles ajourées en forme de cloches. Ces étages offrent, le long de leurs galeries à ciel ouvert, cinq kilomètres de bas-reliefs qui furent peints de frises fort précieuses en enseignements de tous ordres. Ils correspondent aux étapes nécessaires pour atteindre le nirvana, la "sphère de l'absence de formes" : renoncement aux biens matériels, délivrance du cycle des souffrances, refus de la malveillance et de la paresse, rejet du doute...

Les différents bouddhas présentent des attitudes bienveillantes complémentaires : ainsi, ceux qui sont installés sur la façade est gardent la paume de la main droite orientée en direction du sol, afin de prendre la terre à témoin ; ceux qui regardent vers le sud laissent ouverte leur main droite sur le ciel, symbolisant la charité ; ceux de l'ouest méditent, leurs mains posées l'une sur l'autre ; enfin, ceux du nord lèvent leur main droite en signe de confiance. Au-dessus d'eux, sur la dernière balustrade, tous gardent l'index accolé au pouce, symbolisant l'enseignement, et les bouddhas des trois terrasses circulaires esquissent un cercle de leurs mains, rappelant le lancement de la roue de la Loi.

Des temples plus modestes gravitent autour de Borobudur : *candi* Mendut, par exemple, “temple du bosquet de bambous”, habité d’un apaisant Bouddha, assis dans une position rare, décontractée, jambes pendantes.

La trinité hindouiste possède également ses sanctuaires : *candi* Prambanan en est, toujours dans les parages du volcan Merapi, la réalisation la plus remarquable. La représentation de Shiva y est mise en valeur dans une demeure privilégiée par rapport à celles de Brahmâ et de Vishnou, marquant le courant dominant.

Cet ensemble architectural, cerné d’autres réalisations (*candi* Sambisari, pour ne citer que lui), a été commandité par le roi Rakai Pikatan, au IXe siècle.

C’est à Bali que les pratiques hindoues ont été le mieux préservées, même si les dieux vénérés, Brahmâ, Vishnou et Shiva ne sont pas représentés. En effet la religion balinaise est spécifique, la Trimûrti hindoue s’étant métamorphosée en une Entité suprême : Sanghyang Widi Wasa, qui habite la Montagne sacrée, le volcan Gunung Agung.

Pour les Balinais, des esprits, bons ou mauvais, animent toute chose et sont susceptibles de faire varier le cours de la vie des hommes, aussi est-il indispensable de les honorer chaque jour au moyen d’offrandes (œuvres d’art pour les dieux, disposées sur des autels, nourritures élémentaires pour les démons, posées à même le sol). De même, il est nécessaire de tout faire, en permanence, pour que l’équilibre entre le bien, *kaja*, et *kelod*, le mal, soit maintenu. De cette harmonie dépendent la satisfaction de l’esprit vital *(semangat)*, la paix collective et le bonheur.

Les *pemangku*, prêtres assujettis à la caste des *sudra*, responsables des temples, guident, tout de blanc vêtus, les nombreuses cérémonies qui rythment la vie des Balinais, bénissent d’eau lustrale les pyramides d’offrandes colorées, préparées, selon les règles, avec un soin infini, par les femmes.

Les dieux, présents au cœur même des sanctuaires, sur les *padmasana*, trônes de pierres sculptés qui leur sont réservés, assistent, dit-on, aux rites ; ils sont censés venir dans les lieux sacrés, près des *meru*, constructions à toits superposés, protégées par trois cours successives, aux murs et aux portes très ouvragés.

La veille du Jour de l’an, Nyepi, doivent avoir lieu les grands sacrifices purificateurs : des cochons sont immolés et leur sang répandu selon les points cardinaux, afin de repaître les *buta-kala*, puissances inférieures, que l’on s’efforce de refouler hors des maisons, hors des villages ou des royaumes, à grand renfort de bruit, de tambours à boule tantrique, de sons de conques, de clochettes…

L'islam, domination, syncrétisme et superstition

Actuellement, les musulmans indonésiens, tous sunnites ou presque, représentent, avec environ 88 % de la population totale (soit plus de 175 millions de personnes), la plus importante communauté nationale islamique du monde. Mais en raison du passé, de l'ancrage des autres religions, tolérées, plus ou moins syncrétiques, l'Etat n'est pas islamique, fait remarquable. Il faut préciser que l'implantation de l'islam est très variable selon les îles.

Tardive et progressive (cinq siècles), l'islamisation *(islamisasi)* s'est parfaitement implantée sur l'archipel : 600 000 mosquées *(mesjid)*, dont beaucoup ont été construites récemment, ponctuent le territoire. (Dérivé de l'araméen, le mot *mesjid*, utilisé par les Indonésiens, signifie : "se prosterner en prière".)

Il existe mille architectures de mosquées : simples maisonnettes coiffées d'une coupole à peine visible (*mushalla* ; *langgar* en javanais) ou lourds volumes à colonnades, à dômes renflés, oignons métalliques et miroitants, casques sarrasins à arabesques, à tourelles ajourées, toitures à étages, montées sur le modèle des oratoires hindous. A l'instar des églises d'Europe, rien n'est trop beau pour la demeure de Dieu.

Selon un manuscrit malais, l'islamisation aurait commencé dès le IIIe siècle de l'Hégire, au royaume de Perlak, que l'on situe au nord de Medan, à Sumatra. Marco Polo indique avoir rencontré lui aussi des royaumes convertis à l'islam, en 1291, dans le Nord de Sumatra "en raison des marchands sarrasins qui fréquentent ces parages avec leurs nefs".

Ce n'est vraisemblablement qu'à partir du XIVe et du XVe siècle que le sultanat de Malacca a incorporé l'islam. Au XVIe siècle, l'empire hindouiste de Mojopahit a succombé ; puis ce fut le tour des sultanats d'Aceh, de Banten et de Makassar... La VOC (Vereenigde Oost-Indische Compagnie ; Compagnie hollandaise des Indes orientales) a, par l'ardeur même de son action commerciale, freiné l'expansion de l'islam et favorisé le christianisme, notamment dans les Moluques. En sommeil relatif durant le XIXe siècle, l'islam s'est redéployé au XXe siècle, précédant, épousant ou suivant les mouvements nationalistes, anticolonialistes.

La première union islamique, antichrétienne, mais aussi antichinoise, vit le jour en 1903, sous le

Retour de la mosquée

Jakarta, prière du vendredi (Java-Ouest)

nom de Sarekat Islam. En 1912, fut fondée, à Yogyakarta, la Muhammadiyah, moderne et "purificatrice", ayant pour objectif d'arabiser la religion à Java ; ce mouvement compte maintenant près de 30 millions de membres, soit presque autant que Renouveau des oulémas Nahdetul Ulama, créée en 1926 (35 millions), prônant un islam plus proche des croyances et des traditions locales.

Pendant la Seconde Guerre mondiale, les Japonais, un temps maîtres du pays, se sont appuyés sur les dirigeants musulmans, qui ont vite rêvé d'un islam, religion d'Etat. Mais en proposant le *Pancasila* (les cinq principes idéologiques de l'Etat indonésien), dont l'article premier est "Foi en un Dieu unique", englobant toutes les religions monothéistes, Sukarno a coupé court à ce souhait, somme toute réducteur.

Récemment groupés au sein d'une formation unique, le PPP, tous les partis musulmans, nombreux, se sont engagés dans la course politique, rivalisant avec le Golkar, parti des présidents Suharto et Habibie, et le PDI, Parti démocratique indonésien. Aux élections du premier semestre 1999, quarante-huit partis politiques se sont présentés, dont vingt et un se disant islamiques.

De même qu'il existe une religion balinaise unique *(agama hindu-Bali)*, l'islam javanais, non arabe, resté longtemps éloigné des autres centres vitaux de l'islam, est spécifique. Il semble peu rigoureux dans son ensemble, à cause du passé animiste ou culturel, et des différentes couches de traditions religieuses : les musulmans *abangan*, (adeptes de la religion de Java), porteurs de cet islam relatif, teinté de superstitions, s'opposent aux *santri*, qui se situent, eux, dans les limites de l'orthodoxie, de la "stricte observance". Les femmes indonésiennes paraissent plus libres que dans les autres pays musulmans et la polygamie n'est pas monnaie courante.

Mosquée à Padang Seminyak (Sumatra-Ouest)

Réglementé par le ministère des Cultes, le pèlerinage à La Mecque est de plus en plus demandé : chaque année les adhésions au "voyage" progressent, sans pour autant être satisfaites, compte tenu des quotas imposés (200 000 départs en 1997).

La tolérance proverbiale de la "religion javanaise" *(kejawen)* n'empêche pas le développement rapide de certains signes extérieurs de l'islam, dont il est difficile de mesurer le degré réel d'enracinement : entre 1991 et 1997, j'ai pu constater, en vivant à Yogyakarta, que le port du voile gagnait, chaque année, en nombre autant qu'en austérité. J'ai même vu apparaître, dans le sillage de quelques tenues "afghanes" portées par des hommes, le voile "total" : quelques silhouettes féminines noires (rares, il est vrai), sans mains et sans visage, errant autour de l'université Gajah Mada...

Christianisme, la survie des enclaves

31 000 temples protestants (6,5 % de la population), 14 000 églises catholiques (3,2 %), tels sont les chiffres avancés par les chrétiens (près de 20 millions de personnes, soit neuf fois moins que les musulmans).

Le protestantisme, véhiculé par les Hollandais, s'est implanté chez les animistes batak de Sumatra, les Dayak de Kalimantan, les Papous d'Irian Jaya. Il a également pris racine dans certaines régions de Java (Java-Centre, Jawa Tengah et Java-Ouest, Jawa Barat), pourtant très islamisées : à Yogyakarta existe une solide minorité chrétienne (douze églises), de même qu'à Jakarta, cosmopolite.

Le catholicisme, que l'on doit essentiellement aux Portugais (mis hors la loi, un temps, par les Hollandais eux-mêmes), s'est maintenu au Timor-Oriental (colonie portugaise jusqu'en 1975), ainsi qu'à Flores ; un peu moins chez les Moluquois, convertis, eux, au calvinisme, par les Hollandais.

Eglise en pays batak toba (Sumatra-Nord)

Kong Hu Tju, Chinois confucéens ; Chinois chrétiens et bouddhistes

Chez les Chinois, cibles systématiques durant les émeutes, avant même 1965, souvent persécutés pour suspicion marxiste, la tendance est, malgré la tolérance *(toleransi)*, clamée haut et fort, la conversion à l'islam.

Il reste seulement 0,8 % de confucéens, répandus dans tout l'archipel, pour une communauté représentant tout de même environ 5 % de la population. N'étant pas officiellement reconnu, mais seulement toléré, le confucianisme est pratiqué dans les temples chinois sous couvert d'une religion officielle, le bouddhisme, par exemple. Il faut préciser que les Chinois, surtout lors des persécutions de 1966-1968, se sont réclamés du christianisme ou du bouddhisme, et que la communauté chinoise chrétienne est très fervente.

De gracieux temples rouge et or, à bordures de toits relevées, pagodes surmontées de dragons élancés, aux silhouettes dentelées, parfois très anciens, apparaissent çà et là, dans les villes, indiquant l'implantation passée ou actuelle d'une importante communauté chinoise. Leur existence insolite est rendue plus étrange encore par la présence bonhomme de magots géants, de pierre ou de bois peints, qui protègent les lieux d'un regard autoritaire et bienveillant. De nombreuses statuettes et fresques, aux teintes violentes, animent l'intérieur des bâtisses, où se consument des colonies de bougies cinabre, dont certaines, énormes, brûlent pendant près d'une année entière.

Les *dukun*, *orang pintar*, savoir cosmique

Les *dukun*, sortes de mages, de chamans ou devins, ont, dans les campagnes comme à la ville, un rôle et une influence considérables : quiconque peut les appeler ou leur rendre visite en cas de difficulté ou de maladie, un sultan pour résoudre un problème épineux, un paysan terrassé par une fièvre. Ce sont de fameux guérisseurs, au sens ancien et noble du terme, que les médecins modernes eux-mêmes ne contestent pas. Leur science magique a pour nom *ngelmu*.

Personnage commun dans la société javanaise ou balinaise, chez d'autres ethnies également, ce gardien de la connaissance, intermédiaire de Dieu, a surtout pour mission de faire le bien. Son niveau est lié à cette faculté, car un apprenti peut, en cherchant le bien, faire du mal. Le mal est plus facilement accessible que le bien. C'est pour cela que le *dukun* doit suivre un long chemin initiatique.

Mbah Sirat (*mbah* signifie grand-père, ancien), aujourd'hui disparu, et que j'ai longtemps côtoyé, vivait au pied du volcan Merapi, dans la région de Yogyakarta (Java). Sa simplicité et sa jovialité, exemplaires, son ouverture d'esprit, sa connaissance de l'humain et sa familiarité avec Dieu impressionnaient autant que sa fulgurante capacité d'écoute et de compréhension.

Toujours disponible, malgré le travail qu'il exerçait aux champs (il était paysan), toujours affable et souriant, jeûnant dix-huit jours sur trente-cinq, selon le calendrier javanais auquel il se référait, il soulageait les malades qui faisaient, nombreux, le voyage d'une île voisine, d'Europe ou d'Amérique jusque chez lui. Après les avoir vus et écoutés quelques minutes, il se retirait pour méditer, un temps indéfini, et revenait avec des réponses, souvent l'annonce d'une guérison. D'une suprême modestie, il affirmait : “Ce n'est pas moi qui ai la possibilité de guérir, mais Dieu. Si j'en tirais profit, je perdrais la faculté qui m'a été confiée.”

Mbah Sirat portait en lui une joie inextinguible et communiquait ceux qui l'approchaient un phénoménal bien-être. Il semblait se trouver quelque part, à la frange de l'humain, dans une lumière de connaissance, comme au terme de réincarnations purificatrices.

Un autre *dukun* fort apprécié pour sa science, vivant dans les rizières, près de Magelang (Java), Pak Winoto, a les mêmes qualités. Son humanité, sa gentillesse et son hospitalité, admirables, n'ont d'égales que sa faculté de soulager son prochain, grâce à ce mystérieux pouvoir surnaturel que l'on appelle *kesaktian*.

Un troisième, habitant Yogyakarta, le brillant Pak Gembong est, lui, ex-professeur de faculté et expert en pharmacopée. Le succès même de son action prouve que l'instruction moderne peut faire bon ménage avec le savoir des anciens.

A côté de ces *dokter Jawa*, qui méritent la plus profonde estime parce qu'ils sont d'une honnêteté sans faille, ne pratiquant que le bien, et ayant la capacité réelle de guérir, se profilent quelques charlatans, affublés de l'adjectif, utilisé dans un sens péjoratif, de “cliniciens”, *dukun kelinik*.

L'atmosphère magique qui imprègne Java, *kebatinan*, comporte, hélas, sa part d'ombre avec, entre autres, la maîtrise des forces obscures dans des buts inavouables : possessions, mauvais sorts, enrichissement personnel, invulnérabilité *(kebal)*, etc. (Par exemple, lors de l'occupation japonaise, un *orang pintar* avait doté son fils du pouvoir d'invulnérabilité et de silence, afin qu'il vole de la nourriture dans les entrepôts des occupants et la redistribue dans le village où ils habitaient...)

Travail du bois au pays minangkabau, village de Pandai Sikat (Sumatra-Ouest)

Art et artisanat, un savoir séculaire

La danse vient du ciel

La danse sacrée

Pour les Indonésiens, la danse vient du ciel. Née d'une marche des Widadari, nymphes célestes à la beauté surnaturelle, ou dans le sanctuaire même de Bhattara Guru, l'une des incarnations de Vishnou, elle est sacrée. Accompagnée du gamelan, ensemble instrumental dont la légende affirme qu'il a également été inventé par les dieux, elle reste l'un des fleurons des expressions artistiques.

Au service du sultan ou destinée à un groupe, à un clan, à la famille, en hommage aux morts ou orientée vers les forces de la nature, les astres, elle nécessite un dépassement de celui ou de celle qui l'accomplit. Chargé de symboles savants qui souvent l'intimident, magicien par le geste, le danseur canalise la communion vers une unité suprême, libératrice.

A cause de cette aspiration mystique, la danse jouit d'un prestige inaltérable. Le *wayang*, terme générique pour désigner le théâtre javanais, qui inclut la danse *(wayang wong)*, d'origine bouddhiste et hindouiste, n'a pas été étouffé par l'islam. Force est de constater que les rituels anciens ont gardé toute leur vigueur : du *Râmâyana* ou du *Mahâbhârata*, des sempiternelles luttes des forces antagonistes du bien et du mal, l'on a conservé les thèmes. Il n'est pas un adulte, pas un enfant qui n'en connaisse par cœur les péripéties, les noms des lieux, ceux des personnages, leurs caractères, et l'heureuse issue de ces chemins initiatiques.

Reflets des races, des traditions, des religions

Epousant l'extraordinaire variété des races et des traditions, les danses ont été enrichies d'une infinité de variables, mais l'on repérera, d'ouest en est, des éléments émergents : la dignité cultivée des danseuses sacrées de l'Inde, messagères des dieux, initiatrices des épopées légendaires, les ensembles mélancoliques aux mouvements répétitifs des foules chinoises s'adressant au soleil, à la lune, à la terre, aux montagnes, la violence extatique des sorciers océaniens, au langage barbare, affublés de masques démesurés, d'une beauté hideuse, effrayante, représentant toutes sortes d'êtres étranges, à la fois hommes, bêtes et génies, aux couleurs hardies, acides, mais conformes à la symbolique de la mythologie.

Danses de cour

Divertissement des sultans, à l'origine, la danse pure, interprétée par des jeunes filles aux visages clos, indéchiffrables, fermés sur le secret du *taksu* (la grâce divine, selon les Balinais), est lente et magnifiquement décomposée. Commençant en position assise, par le salut, le *sembah*, mains jointes devant le visage, elle se développe par des mouvements de tête et des bras. Devant le jeu si gracieux des doigts, d'une souplesse époustouflante, l'on s'étonne sans cesse des gestes si contraignants qui se succèdent.

Sur Java, et en particulier dans l'Ouest et au Centre, dans la région de Bandung, mais surtout de Yogyakarta et de Solo (Surakarta), domine cette forme de danse très solennelle, aujourd'hui largement offerte au public indonésien ainsi qu'aux touristes. Au *kraton* de Solo, au palais du sultan, les danseuses *bedaya* et *sarimpis* devaient nécessairement appartenir à la noblesse et "n'avoir pas encore contemplé le visage de l'amour". Le lien entre les hommes et les dieux, le surnaturel, ne pouvait qu'être pur.

Jusqu'au siècle dernier, à Bali, les danseuses *jogèd* étaient *duwé puri*, la propriété d'un palais ; les *sanghyang*, *duwé pura*, la propriété d'un temple. On appelait *pingitan* (de *pingit* : interdit, respecté) celles appartenant à un prince. Nul autre ne pouvait en disposer.

Si l'on trouve en Inde l'origine du salut, du *sembah* : l'*anjali*, l'on y localise également les thèmes dramatiques des grandes épopées du *Râmâyana* et du *Mahâbhârata*, le plus long poème du monde (quinze fois plus long que la Bible !), utilisés dans les danses de cour, épurés et d'une somptuosité impressionnante, quelque peu baroque. Tout y est sévèrement codé.

En difficiles positions assises, puis agenouillées, accroupies, attitudes de respect, mais obéissant aussi aux exigences impitoyables des règles esthétiques dominantes, les danseuses, inspirées, font preuve d'une éblouissante virtuosité. Tout en demeurant dans l'ensemble assez statiques de façon à mettre en évidence le langage des signes, la signification du moindre frémissement, d'une figure esquissée avec les doigts, elles se plient de façon spectaculaire en combinant avec hardiesse certains muscles. C'est une démonstration de maîtrise parfaite du corps.

Java conserve le style le plus lent, et les visages de ses automates exposés au souffle divin doivent rester inexpressifs. Les Balinais, au contraire, ont choisi de modifier leurs expressions faciales sur un rythme rapide. Tandis que leurs pieds nus martèlent le sol, leurs yeux tournent en suivant le tempo, et leurs bras, leurs mains sinueuses, forment des arabesques contre nature, d'une grâce singulière.

Danses populaires

Beaucoup plus variées, elles admettent des personnages de dérision, des caricatures, des tenues débridées, extravagantes, des grimages excessifs et des accessoires réalistes. Ainsi, pour les danses guerrières s'exposent de façon évidente ou subtile les instincts de vie, de rut, et les instincts de destruction, de mort. La lance ou l'épée, symboles phalliques et de fertilité, sont souvent d'usage.

Sur l'île de Nias, les hommes dansent avec un sabre courbe, un bouclier, sur Java avec un kriss, poignard redoutable et redouté, à la lame droite ou sinueuse comme le serpent. Quand les esquisses de lutte sont très stylisées, les accessoires ont disparu ; ils sont devenus virtuels : tel est le cas pour le *pentjak*, à Bali, le *mentja* à Kalimantan, le *porang* à Sumatra. Les danses d'armes sont souvent associées à des rites funéraires ou agraires : à Kalimantan, la danse *pakarena banrangan* (*barangan* désignant la lance) clôt les fêtes agraires. De jeunes gens, aux torses couverts de guirlandes de fleurs, agitent un éventail et une lance, ayant tantôt valeur d'outils, tantôt de sexes.

Danses rituelles, magiques ou religieuses

La danse qui inclut un objet a fatalement un caractère magique : il s'agit d'influencer les forces naturelles par son intermédiaire. A Timor, les joueurs-danseurs utilisent un long rotin qu'ils tirent de part et d'autre : ils sont chargés d'invoquer la mousson. Ils appellent la pluie.

Sur Java, Bali, Sumatra et Kalimantan sont pratiquées des danses extatiques durant lesquelles de véritables armes se retournent parfois contre les danseurs eux-mêmes qui, possédés, peuvent se mutiler. Ils sont rendus inconscients par la frappe répétitive des tambours et le rythme infatigable des vocalises rauques rappelant étrangement le *dikr* des confréries mystiques de l'islam. Ces danses à l'origine incertaine, dont le mouvement est d'une régularité entêtante, s'achèvent souvent dans des transes, dues, sans doute, à quelque drogue ou à la fumée des feux sacrés. Les danseurs, entrés dans un état d'oubli *(lupa)*, perdent leur personnalité : possédés, ils peuvent s'imaginer métamorphosés en animal, grenouille, singe, tigre, et en adopter le comportement. Certains mangent de la terre ou dévorent des poulets vivants, pattes et plumes comprises.

Dans ces danses (à l'opposé des danses de cour), l'esthétique n'est pas de règle. Seule compte l'efficacité magique. Le corps, véhicule médiumnique, n'obéit plus à la conscience immédiate, mais se soumet à l'esprit qu'il abrite le temps de la transe.

Passage initiatique pour le danseur ou prise en charge des péchés collectifs ? Lutte contre les démons ? Exorcisme ? S'unir ou s'opposer aux forces invisibles, selon un calendrier précis, tel est le but.

Les danses d'accueil ou pour une guérison, pour chasser les mauvais esprits qui hantent un lieu ou pour favoriser la chance du pêcheur, du chasseur, varient selon les régions. Plus ou moins envoûtantes, elles n'en demeurent pas moins des exploits physiques dans la majorité des cas. Plus qu'ailleurs cependant, à Java et Bali, la danse fait partie de l'éducation. Beaucoup de jeunes garçons et de filles passent des années à se soumettre à toutes sortes de contorsions et à des jeux d'équilibre pour parvenir à forcer les muscles et les articulations, assimiler les postures fondamentales.

Danseur de topeng dalem*, Ubud (Bali-Sud)*

Pour parler de la danse, on utilise à Bali le mot *sesolahan*, qui signifie : attitude, conduite, au sens moral autant que physique. Ce mot contient l'idée de raffinement et de responsabilité.

Des atours princiers, des masques de sorciers, des caricatures de bouffons

Naturellement, pour les danseuses royales, les vêtements, les parures, les bijoux sont sophistiqués. Rien n'est assez beau pour elles : tissus de brocart, rouges, jaunes ou verts, dont les fils d'or s'envolent en feuillées élégantes, bandes de soie

Kraton *de Yogyakarta, scène du* Râmâyana

délicates, blanches ou roses, tombant comme des ailes sur des sarongs de *batik tulis* ornés de motifs répétitifs peints à la main. Leurs cheveux, ramassés en chignons, sont couverts de diadèmes étincelants, de fleurs, de casques ajourés aux palmes d'or. Les hommes ont cette noble apparence s'ils représentent des seigneurs à l'âme généreuse, s'ils incarnent le bien, mais sont affublés de trognes vineuses s'ils représentent le mal, de nez démesurés de nasiques s'ils doivent faire rire.

A Bali, les *barong* sont de grands masques d'humains ou d'animaux ou des deux conjugués, qui sont généralement sacrés et donc chargés d'un pouvoir de protection. Pour le Galungan, jour de fête qui revient tous les deux cent dix jours, les *barong* dansent sur les chemins *(barong kedingkling)*. Le *barong kèt*, fauve, mi-dieu, mi-démon, incarne le roi des bois et a un pouvoir exorciste. Le *barong macan* est un tigre-vedette d'un ballet magico-religieux.

Des masques représentant des têtes d'animaux, de calao, par exemple, parfois énormes, sont utilisés chez les Batak, surtout pour les danses accompagnant les cérémonies funéraires.

Yogyakarta
p. 123 haut et centre : *Préparation des* wayang kulit
p. 123 bas : *Yogyakarta, au théâtre d'ombres*

***Wayang topeng* et *wayang orang*, théâtre populaire**

Pour le théâtre d'hommes (en opposition au *wayang kulit*, "théâtre d'ombres"), les acteurs sont affublés de masques aux caractères évidents ne laissant planer aucune ambiguïté sur l'âme du personnage représenté : aristocrate hautain et raffiné, à la carnation claire, à fines moustaches et aux lèvres effilées sur un sourire distant ou bienveillant, jeune homme efféminé, d'apparence fragile mais dont la force intérieure se concentre dans le regard aigu, seigneur colérique, impitoyable, à la figure rouge sang, vieillard chenu dont la face ravinée traduit l'expérience, la patience et la ruse...

Le "théâtre masqué", *wayang topeng*, en vogue à Java entre le XIIIe et le XVIe siècle, reste vivant à Bali. L'exagération (les façons d'utiliser la voix et de se mouvoir sont inspirées du théâtre d'ombres), la bouffonnerie, qui n'empêchent pas le triomphe du bien sur le mal, ont fait abandonner ce genre à Java, où on le considère comme trop populaire, grossier.

Il n'en est pas de même pour le *wayang orang* ou *wayang wong*, "théâtre dansé", beaucoup plus élaboré (les masques sont maintenus plaqués sur le visage de l'acteur grâce à une languette de cuir coincée entre les dents). Il a pris, lui, en revanche, une ampleur considérable dans les sultanats de Java : accompagnant les rituels, les cérémonies, les mariages, il est devenu grand spectacle avec une scénographie fine, stylisée, intellectualisée.

Comme pour toute forme théâtrale, des épisodes du *Mahâbhârata* et du *Râmâyana* en sont la base.

Le charme des ombres

Sans le *wayang kulit* (littéralement "l'ombre de cuir"), le "théâtre d'ombres", directement issu de la tradition hindo-bouddhiste (la plus ancienne trace écrite de représentation date de 1145), l'Indonésie serait amputée d'un élément essentiel : croyances, repères sociaux et morale, tournure d'esprit aussi, ont pris racine dans cette expression artistique savante que l'islam n'a pas brimée.

Posté derrière un écran blanc, *kelir*, jadis éclairé par une lampe à huile, *blencong*, symbolisant la puissance divine, la Création (maintenant remplacée par une simple lampe électrique, un projecteur), le *dalang*, le marionnettiste, est entouré des personnages qu'il est chargé d'animer (les bons à droite, les méchants à gauche), plusieurs centaines de figurines plates, ciselées dans du cuir de buffle, peintes, et plantées dans des troncs de bananiers, *gedebog*. Chargé de souligner chacun de ses gestes et de rythmer son improvisation, un gamelan l'accompagne.

Un bon *dalang* est d'abord un comédien confirmé, fin connaisseur de "la grande histoire de l'humanité". Il est doué d'un puissant organe vocal, capable d'ampleur, mais aussi d'une gamme étendue : en effet, s'il doit donner vie, tour à tour, au gracieux Arjuna, auquel s'identifie tout jeune Javanais, au roi des singes Hanumân ensuite, puis au sage Semar, de flexible et limpide sa voix devient nasillarde, cuivrée, enfin rauque et enrhumée. Il suffit qu'entre en scène un géant batailleur, au patriotisme aveugle, comme Kumbakarna et, dans les éclats des gongs et des plaques de cuivre qu'il actionne lui-même d'un pied sûr, sa voix se métamorphose, s'enlise, grasseyante et pâteuse ou claironne, rude et saccadée... Tel est le *dalang*, virtuose du verbe, magicien du rêve ou, selon Jeanne Cuisinier : "visionnaire, officiant inspiré... de cultes abolis qu'il ressuscite, unissant l'effusion religieuse à la création artistique".

Pour tenir sous le charme son auditoire, il sait, quand il le faut, sortir de la trame de l'histoire proprement dite, *lakon*, lancer une flèche sournoise dans le camp des politiques, broder sur les rumeurs sulfureuses entourant les principales figures de la vie publique, faire rire à propos de commérages de quartier. De docte philosophe, il devient amuseur, chansonnier.

Le *wayang kulit* fait partie de la vie quotidienne des Javanais ; il participe à l'éducation morale et communique l'échelle des valeurs. Extrêmement actif à Yogyakarta, il est de toutes les fêtes de mariage, rituelles, ou de toutes les cérémonies, d'inauguration, par exemple.

L'esprit du bois : la sculpture

La métamorphose des arbres

Grâce à la profusion de forêts, la sculpture sur bois est certainement la forme d'expression artistique la plus développée, la plus extravagante et la plus uniformément présente en Indonésie.

Des boucliers ou poteaux des ancêtres chez les Asmat, en Irian Jaya, au *singa* batak, de Sumatra, des effigies des défunts en pays toraja, à Sulawesi, aux masques *topeng* balinais, s'étend la gamme la plus extraordinaire de formes que l'on puisse imaginer.

Des déesses de traditions animistes (Irian Jaya, Moluques, Nusa Tenggara, Célèbes, Kalimantan, Sumatra), d'expression primitive comme en Océanie, à la stylisation un peu glacée des poupées javanaises, issues des éternelles épopées indiennes, on trouve les figurines et les objets les plus divers, les plus torturés qui soient, les plus raffinés aussi.

Avant de couper un arbre ou même une branche, il est recommandé de s'excuser, puis d'obtenir par une cérémonie particulière la permission de l'esprit qui l'occupe ou le protège, surtout si le bois convoité est destiné à la fabrication d'objets magiques.

Statues animistes, les croyances et la connaissance des anciens

Les chasseurs de têtes de Bornéo, les Dayak, sculptaient les manches de leurs couteaux traditionnels, les *mandaus*, ainsi que leurs fourreaux. Serpents et chiens, chassant les mauvais esprits, y figuraient souvent. Chez ce même peuple, le calao rhinocéros, messager des dieux, est omniprésent : emblème de virilité, chargé de pouvoirs surnaturels, il participe aux cérémonies rituelles.

Les grandes maisons, qui abritent des tribus entières, sont gardées par des statues aux dents longues, chargées de repousser les forces négatives.

Chez les Batak de Sumatra, subsiste un fonds de culture mégalithique. Première manifestation de cette culture préhindoue : le *singa*, créature chimérique, mi-buffle, mi-lion, mi-humain, au visage allongé, aux yeux globuleux, et qui est un élément décoratif dominant, surtout autour du lac Toba. On le trouve dans le prolongement des poutres maîtresses, latérales, des maisons, sur les ustensiles ménagers, les cercueils…

Seconde manifestation : le lézard (*ilik* ou *boraspati ni tano*). Il orne les portes de bois des greniers toba, les cornes à balles et les poires à poudre. Symbolisant la fertilité, la prospérité, il émerge du monde inférieur. Son second nom, dérivé du sanskrit, *brihaspati*, signifie aussi la planète Jupiter : le lézard serait donc d'essence magico-divine, comme le serpent, maître des eaux.

On retrouve ce même gardien des greniers à grains dans le pays toraja, à Sulawesi, où le crocodile, en compagnie du buffle, est lui aussi symbole de prospérité.

Autre représentation fort ancienne sur Sumatra, le dieu vivant, le dieu des foyers : Debata Idup. Ses effigies de bois, représentant tantôt un homme, tantôt une femme, sont censés jouer un rôle protecteur. Aux découpes assez grossières mais fort expressives, elles sont présentées en couple dans le cas d'un rituel visant à combattre la stérilité.

Une cavité rectangulaire, creusée dans le buste de ces personnages, était destinée à recevoir le *pupuk*, une substance capable d'animer la statue, de lui donner une âme. Le *pupuk* provenait d'un enfant que l'on avait enlevé à une tribu ennemi pour le tuer : présenté sous forme de poudre ou de préparation huileuse *(si biaksa)*, son cerveau, *dane*, en était la partie la plus précieuse. Le reste, os, muscles, viscères, réduits en cendres, était également incorporé à la préparation rituelle. Le cérémonial de la préparation du *pupuk* s'appelait *manumpa*. Le souffle de vie, assuré par le *pupuk* (c'est également le mot indonésien qui désigne l'engrais !), était aussi versé dans une cavité se trouvant au sommet des *tunggal panaluan*, bâtons sculptés, mâts totémiques miniatures, destinés à “faire venir les pluies lorsque cela est nécessaire, les arrêter lorsqu'elles sont trop abondantes, conseiller dans les affaires concernant le gouvernement de la communauté, écarter les influences néfastes, les voleurs et les bandits”.

Masques et drames d'antan

Façonnés, ciselés dans le bois massif, les masques, à Bali plus que partout ailleurs, plus qu'à Java par exemple, où la fabrication s'est perpétuée malgré l'islam, jouent un rôle étrange et fascinant d'intermédiaires entre les hommes et les dieux.

En effet, leur incontestable attrait ne tient pas seulement à leur réussite architecturale : les caprices de la créativité sont assujettis à une série de codes et de règles précises, car les symboles, chargés de pouvoir, sont essentiels. Grâce à eux, les masques, réceptacles de forces surnaturelles, sont “animés” ; ils possèdent une âme.

Le travail du sculpteur s'en trouve fatalement mis en adéquation avec l'invisible, les énergies cosmiques.

Les masques transmettent aux profanes comme aux initiés, par la psychomorphologie, des messages secrets sur les lois éternelles de la nature humaine, du bien et de la pureté, du mal et de la perversion. Empruntés aux hommes, aux animaux, et même aux démons, leurs yeux, leurs nez, leurs bouches, leurs dents, mettent en évidence les qualités et les défauts de chacun, comme des miroirs grossissants. Avec eux, par

Procession nocturne du Barong à Ubud (Bali-Sud)

eux, mythes, légendes et réalité se confondent pour une meilleure connaissance de soi.

A-t-on le sourire enchanteur de Telek Muani ou Telek Luh, le teint clair et la perfection des traits de Sita, le regard velouté de Laksmana ? Possède-t-on l'air crédule de Merdah ou les déformations que la jalousie et le penchant querelleur donnent à Jaran Guyang ? Telles sont les questions.

Le bal des marionnettes

Ce qui est vrai pour les masques l'est aussi pour les marionnettes de bois en trois dimensions *(wayang golek)*, représentant les mêmes héros légendaires. Le *wayang golek* (surtout présent dans l'Ouest de Java) pourrait bien être d'origine chinoise : l'on a découvert à Java des marionnettes fabriquées en Chine au XIIIe siècle, ainsi que des textes faisant allusion à des "poupées de bois" chinoises, au XIVe et XVe siècle.

Il est clair cependant que le répertoire des marchands chinois (ou arabes), probablement de racine prolétarienne, s'est enrichi des incontournables personnages des épopées hindoues, même si quelques figurines ajoutées, comme le prince Panji, sont issues d'un folklore typiquement javanais.

La principale habileté a été de réaliser en conformité avec les préceptes de l'islam ces marionnettes, qui ont même servi, au XVe siècle, à attirer de futurs convertis.

Des mégalithes à la fresque

Rêves de pierre

Une époque mégalithique a marqué tout l'archipel : des vestiges de pierre taillée se trouvent sur toutes les îles.

Les origines des monolithes anthropomorphes de la vallée de Bada (Sulawesi), qui rappellent parfois les énigmatiques statues de l'île de Pâques, sont effacées de toutes les mémoires. Alors, les mystérieuses sculptures gardent leur secret dans leur silence figé. Mais ailleurs, sur les îles de Sumba et de Nias, par exemple, les mégalithes continuent à jouer un rôle dans l'organisation de la vie sociale : stèles ou sièges des ancêtres, décorés, généralement dressés devant des habitations royales et destinés aux personnages importants chargés des affaires communales ; tombes où apparaissent des lambeaux d'histoire ; tables de sacrifice (où l'on décapitait les malfaiteurs) ; abreuvoirs ; mortiers *(lesung batu)* ; dolmens…

Les tombeaux mégalithiques sont appelés *reti*. L'un des plus connus se trouve à Tomok, dans l'île de Samosir, sur le lac Toba : il s'agit d'un sarcophage érigé pour un chef Sidarbuta.

Le fonds culturel mégalithique, chez les Batak, n'est pas perdu : aujourd'hui encore l'on érige, dans les cimetières, de lourdes pierres sculptées de *singa* (thème décoratif dominant), ou encore de personnages en position accroupie (comme chez les Dayak de Bornéo, ou les Toraja de Sulawesi.)

Naturellement, des légendes locales prêtent, la plupart du temps, aux mégalithes une origine purement magique : ici, une femme dédaigneuse a été pétrifiée par un sorcier fâché, là, un guerrier pris en flagrant délit de trahison a été lui aussi mué en pierre. Ces explications poétiques plaisent aux villageois qui les colportent et aux touristes qui les écoutent volontiers.

Les archéologues, eux, pieds et poings liés à la réalité, donnent, quand ils le peuvent, des versions plus sérieuses et cherchent à identifier, pour les dater, les éléments des costumes saisis dans le bloc. Mais il est quasiment impossible de différencier, par exemple, un casque métallique du IIIe ou du IVe siècle après J.-C, du traditionnel

Démon de pierre (Bali)

blankon en tissu que portent toujours les Javanais. De même, l'usure de la pierre dépend davantage de son exposition aux intempéries et de sa densité que de son âge… Par conséquent, le *batu gadjah* (pierre-éléphant) de Berlubai (Sumatra), comme les deux cent quatre vingt-sept mégalithes sculptés de Bawomatalowa, sur l'île de Nias, fascineront encore longtemps les chercheurs.

Construit au VIIIe siècle après J.-C., le temple de Borobudur (Java-Centre), la “montagne des dieux”, présente moins de mystères que les mégalithes : l'art de vaincre les émotions et d'apaiser les violences s'impose autant dans le sourire du Bouddha lui-même que dans les attitudes paisibles des milliers de personnages représentés sur ses kilomètres de frises : affriolantes danseuses à la poitrine rebondie, servantes accortes, avenantes porteuses d'eau, de corbeilles de fleurs, de fruits, sages à demi nus, assis et discutant, bergers pensifs, voyageurs délestés de bagages…

Les 1 460 bas-reliefs forment, à travers les méandres de la réalité quotidienne, un parcours initiatique qui s'achève par “l'élimination de toute souffrance et les lumières de la compassion”.

La gloire du métal

La “lueur de la lune” et “l'eau vagabonde”, les attributs du gamelan

“La musique du gamelan n'est comparable qu'à deux choses : un clair de lune et une eau vive. Elle est pure et mystérieuse comme la lueur de la lune, et changeante comme l'eau vagabonde (…) Elle est un état de la création, comme le clair de lune répandu sur la Terre.”

Tantôt attribuée à Claude Debussy, tantôt à Japp Kunst, spécialiste incontesté du fameux orchestre javanais, cette description imagée de la musique du gamelan “qui touche le cœur” est significative de sa complexité acoustique et de son pouvoir de séduction.

Yogyakarta, gamelan

Le mot gamelan (de *gamel*, “maillet” ou de *gambel, mngambel*, “frapper”) signifie “orchestre de percussions”.

La plupart des instruments qui le composent sont très anciens (timbales, gongs, xylophones, tambours). Ils apparaissent dans les fresques des sanctuaires shivaïtes ou bouddhiques du VIIIe et du IXe siècle (Dieng, Borobudur ou Prambanan).

Si l'on en croit les *lontar*, les vieux textes balinais, la musique serait d'origine divine : le mode *pelog*, l'un des deux modes de la musique traditionnelle javanaise, échelle parfaite de sept sons, résulterait de l'union du dieu Amour Semara et de la déesse Ratih.

De tonalité féminine, le *pelog* est jugé mélancolique ; il convient aux relations humaines, à l'expression même des variations sentimentales.

Le second mode utilisé, le *slendro* (du nom de la dynastie Sailendra, selon la tradition, est pentatonique : ses cinq notes, séparées d'intervalles presque réguliers, lui donnent un caractère masculin, plus exalté, plus tapageur. Aussi est-il utilisé dans le théâtre d'ombres.

Les *pande* (forgerons) capables de fabriquer un gamelan sont rares. Leurs secrets, transmis de génération en génération, diffèrent, et ils travaillent dans une pénombre propice, une atmosphère qui convient aux magiciens ou aux alchimistes. Seul un véritable *pande* peut transmettre un "esprit vivant" au gamelan.

Les instruments du gamelan javanais sont disposés, selon un ordre établi, autour des grands gongs suspendus sur leurs cadres de bois sculptés de dragons (*gong ageng*, qui ont la particularité de s'"améliorer" en vieillissant), installés par paire, mâle et femelle, et chargés d'entretenir la structure rythmique : on trouve ainsi, côte à côte, les *kempul*, petits gongs suspendus ; les *kenong*, gongs au "ventre" proéminent, couchés sur un treillis de cordes tendues sur un cadre de bois ; les *ketuk*, plus petits et plus plats que les *kenong* ; les *bonang*, timbales chargées de la mélodie, alignées, de taille décroissante ; les *kendang*, tambours cylindriques, asymétriques, à deux peaux, que le chef d'orchestre heurte habilement de ses mains, pour marquer les temps forts et faibles ; les *saron*, métallophones chargés du thème principal, et dont les lames de bronze, convexes, reposent, de la plus longue à la plus courte, sur un cadre de bois horizontal ; les *gender*, métallophones dont les bandes métalliques sont disposées sur des tubes de bambou faisant office de caisses de résonance (lorsque le *pande* réalise ces deux derniers, il approche à la lime la note juste) ; les *gambang kayu*, antiques xylophones destinés à une ornementation polyphonique complexe, et formés de lamelles de bois ; les instruments à cordes ensuite : le *celempung* ou "instrument du mendiant" car il est utilisé par les chanteurs des rues, de la famille des cithares, de forme trapézoïdale ; le rebab, violon à deux cordes frottées par un archet, venu avec l'islam, proche cousin du rebec du Moyen Age ; les cymbales, *rojeh* et *kecer*, sollicitées pour les pièces anciennes ; les *suling* enfin, flûtes en bambou, de toutes tailles, chargées de traduire les pleurs de la belle ou le chant des oiseaux...

Le gamelan, *guntur madur*, "tonnerre de miel", selon les Javanais, serait orphelin sans les voix, chœurs de femmes avec solistes *(pesinden)* ou chœurs d'hommes *(gerongan)*.

Les gamelans de Sumatra ou de Bali apportent quelques variantes à la composition du gamelan javanais : le *gangsa* à Bali, métallophone proche du *gender*, que l'on frappe à l'aide de marteaux de bronze, le *surenai*, sorte de petit hautbois, à Sumatra, où intervient aussi un vibraphone particulier, de bambou...

Eclats du bronze

Des empires hindo-bouddhiques demeure la science du bronze. Des statuettes représentant des hommes ou des animaux, souvent d'excellente qualité, parfois médiocre, pullulent en Indonésie, surtout dans les zones où le tourisme se développe.

Des objets magnifiquement travaillés, services à bétel par exemple *(pekinangan)*,

Yogyakarta, Kota Gede, fusion de l'argent (Java-Centre)

se rencontrent parfois. Ils se composent de pots, boîtes et mortiers, mais aussi de pilons, ciseaux, pinces, casse-noisettes, spatules.

Certains forgerons de gamelan coulent aussi des cloches destinées aux églises : l'une des réussites de ce pays se résume dans le fait qu'il est possible d'entendre, dans une même ville, dans un même quartier, tantôt l'appel vibrant du muezzin d'une mosquée, tantôt le carillon d'une cathédrale.

Un séducteur, l'argent

Bijoux d'argent martelé ou filigrané, objets les plus divers, couverts, assiettes, bols, personnages et animaux miniatures ont fait la célébrité d'une ville ancienne, Kota Gede, aujourd'hui fondue dans Yogyakarta (Java), dont elle est devenue un quartier.

Les orfèvres, œuvrant d'archaïque manière, réussissent des prouesses, grâce à leur proverbiale patience et leur prodigieuse habileté. On peut les voir ciseler, au poinçon et au marteau, avec un simple clou, durant des heures et des heures, un vase ou une cuiller. La commande la plus farfelue ne les incommode pas : ils sont capables de traduire en volume de bel argent un projet dessiné proposé, quel qu'il soit, boucle de ceinture, modèle réduit d'un vaisseau spatial ou... casque de chantier.

p. 128 haut : *Bogor, finition d'un gong (Java-Ouest)*
p. 128 bas : *Yogyakarta, Kota Gede, travail de l'argent*

A Sumba, l'on fabrique un bijou spécifique que l'on porte en pendentif, le *mamuli*, dont la symétrie rappelant la dernière lettre de l'alphabet grec, oméga, ressemble à un sexe féminin.

Le kriss en héritage

Il est un poignard étrange et noble, le kriss malais (ou *keris*), doté d'un pouvoir magique tel que des précautions circonspectes doivent être prises pour sa manipulation.

Avant d'aborder le paragraphe des légendes qui le concernent, et dont certaines auraient surpris Hans Andersen lui-même, il faut dire qu'il est indissociable du costume de fête javanais (il se porte alors dans le dos, passé à la ceinture), qu'il protège celui qui le porte ou le possède, et qu'il se transmet de génération en génération.

Sa fabrication demande un savoir particulier, que seuls certains maîtres, *empu*, ou experts, *pande*, détiennent, une technique savante, remontant aux forgerons de Perse, qui exige entre autres une part de jeûne et une part de rêve : la lame forgée, damasquinée, de fer de météorite et de nickel, à motifs précis *(pamor)*, est martelée à froid durant des jours, des semaines, dans une atmosphère de recueillement, car les couches successives, disposées selon un rituel exigeant, peuvent atteindre plusieurs dizaines (jusqu'à cent et plus, dit-on, mais c'est peut-être exagéré).

Les *pamor* de base, grains de riz brisé, feuilles de cocotier, fleurs sur tige, fleurs de gingembre, fleurs de muscade, auxquels s'ajoutent des variables (feuilles de cocotier séchées, pointant vers le haut, par exemple), ont valeur de symbole (prospérité, courage, loyauté, etc.) ; leur choix a donc un sens précis.

La lame, que l'on veut droite ou ondulée, selon les cas, en fonction de la valeur que l'on accorde aux chiffres (un est Dieu, mais trois est le feu, la passion, et cinq, le vent, l'aventure, etc.), peut comporter treize ondulations ou *luk* (en nombre impair, le plus souvent).

Achevée, elle doit être l'objet de soins particuliers et constants : ointe régulièrement d'huile parfumée, elle reçoit les paroles et les prières que l'on souhaite lui destiner, avant d'être enfouie avec le plus grand souci de délicatesse dans une gaine de soie et de velours, puis dans le fourreau le plus travaillé, le plus richement décoré qui soit (argent, or, pierres précieuses peuvent honorer cette gaine sublimée).

Pas plus que la lame ou le fourreau, le manche n'échappe à la sculpture : serpents mythiques *(naga)*, têtes de lion, d'éléphant, de buffle, de crocodile, figurines humaines (chez les non-musulmans), oiseau Garuda de bois ou de métaux précieux, d'ivoire, trouvent grâce à certains yeux.

Cérémonie du kriss, environs d'Ujung (Bali-Est)

Quoi qu'il en soit, le kriss, que les femmes ne peuvent pas toucher (quelques-unes sont autorisées à en porter un petit, appelé *patrem*), est rangé avec les objets sacrés de la maison *(pusaka)*, dans la partie la plus reculée et la moins accessible. Il est le gardien de l'habitation.

La tradition prétend que les kriss de l'époque Mojopahit, les plus beaux, ont été fabriqués par Empu Sombro, forgeron de légende qui travaillait les lames directement avec les doigts. (Ses empreintes y seraient encore !) Dans les palais des sultans, à Yogyakarta ou à Solo, les kriss sont protégés dans une pièce spéciale et close, où se consume sans arrêt de l'encens. Les rares personnes autorisées à les approcher, à les toucher, doivent être auparavant purifiées au cours de rites spéciaux, dont le but est de les mettre à l'abri de la puissance surnaturelle, inimaginable, que ces armes sont censées contenir.

A Yogyakarta, la rumeur, passionnée sur le sujet, prétend que certains auraient été foudroyés après avoir franchi en simples curieux le seuil de la salle interdite ; un voleur qui, particulièrement "protégé", aurait réussi de manière rocambolesque à dérober l'un des kriss royaux n'aurait pu l'emprisonner une fois chez lui : après avoir cassé l'armoire dans laquelle il aurait été enfermé, le poignard sacré l'aurait transpercé, puis serait retourné de lui-même au palais. D'une manière générale, le vol d'un kriss "chargé" entraîne le malheur de celui qui a commis l'acte, et même les plus sceptiques ne s'autorisent pas un geste indélicat envers ce "poignard de Panji". (Panji, héros mythique javanais, dont nous avons déjà parlé, serait à la fois l'inventeur du *wayang*, du gamelan et du kriss. Il s'agit là d'une façon de s'approprier ces importants éléments culturels.)

Beaucoup assurent que deux kriss partageant le même coffre se battent quelquefois durant la nuit ; ils prétendent même avoir vu des kriss élever seuls leur lame en l'air, se déplacer d'une pièce à l'autre sans l'aide de personne, choisir un nouveau maître quand le gardien provisoire ne convient pas, ou carrément tuer le possesseur indigne.

Dans les promesses de mariage, à cause de sa valeur phallique, le kriss peut très bien représenter le futur époux. Il est "l'équivalent absolu de celui qui le possède, son frère, son autre lui-même"... "Sans lui, Java ne serait plus Java."

A Yogyakarta, M. Haryono Arumbinang, scientifique spécialisé dans le nucléaire, nous a montré, un jour, deux poignards : un kriss à lame droite, appelé *kolomisani*, l'autre du type *sengklat*, à lame ondulée, dont le *pamor*, *hujan mas* (pluie d'or) symbolisait la prospérité.

A la question : "On prétend que, pour protéger les kriss, il est nécessaire de les enduire d'une préparation liquide spéciale, le *warangan*, à des dates précises, comme le Premier de l'an du calendrier javanais (Suro) ?", il a répondu :

"Non. Si on les frotte trop souvent avec du *warangan*, cela peut les abîmer. Je les enduis, pour ma part, une fois tous les huit ans ; mais je les examine assez souvent. De même, l'on dit que les kriss rendent invulnérables. Si c'était vrai, nous n'aurions jamais été colonisés. En fait, ces armes sont de nobles représentants de notre civilisation. Ainsi, un roi n'est puissant que s'il possède un kriss officiel. Notre sultan Hamengku Buwono X en porte un qui s'appelle *kanjeng kyai ageng kopek*. C'est un kriss du type *jalak sangu tumpeng*, qui signifie «juste et prospère». Avant d'être couronné, il portait *kanjeng kyai ageng joko piturut*, un kriss du type *jalak dinding*, qui signifie «à l'approche de Dieu»."

Textiles : une place de choix

Ikat, étoffe des seigneurs

Les techniques de tissage primitif, dont certaines, à partir d'écorces (de pandanus, de mûrier), de fibres (d'ananas, de bananier, de chanvre) ou de feuilles (de sagoutier, de palmier), héritées de la préhistoire, se sont évidemment affinées avec le temps. Elles sont toujours en vogue, mais l'introduction et la généralisation du coton, plus pratique et plus sensuel, a permis l'élaboration d'étoffes de grande noblesse, notamment de l'*ikat*, répandu dans tout l'archipel. (En *bahasa indonesia*, *ikat* signifie "nouer", "lier".)

La confection de l'*ikat*, complexe, commence par le filage du coton (à la main, le plus souvent ; ainsi ses qualités premières sont celles de l'imperfection de la matière elle-même), puis par la teinture des fils de chaîne préalablement noués (les teintes naturelles impliquent de nombreuses manipulations préparatoires, des bains et des séchages consécutifs ; certaines parties des fils de chaîne reçoivent de la couleur, d'autres sont épargnées au moyen d'une fibre imperméable) ; le dessin apparaît sur la chaîne ; le tissage, opération finale, a lieu sur le plus rudimentaire des métiers, réduit à un simple dossier de bois, grâce auquel les fils sont tendus.

L'ensemble peut s'éterniser des mois, voire des années, mais qu'importe ! Sur ces îles au climat tropical, qui ne connaissent pas de saisons marquées, le temps, dans son uniformité relative, semble dilaté, presque arrêté.

Le *hinggi* de Sumba est l'un des *ikat* les plus réputés, aussi bien pour la subtilité de ses tons que pour la richesse de ses motifs. Les dessins sont, en général, des fleurs, des étoiles, des personnages et des animaux stylisés, des "arbres à têtes" rappelant l'époque des chasseurs de têtes.

Dans l'ensemble, les petites îles de la Sonde ont porté cet art à son apogée, car les *ikat* faisaient, jusqu'à très récemment, vraiment partie de la richesse familiale, de la dot à l'héritage, et déterminaient même le niveau social.

Châles *(selendang)*, couvertures *(selimut)*, linceuls *(kapita)*, sarongs, rougis à la racine de *mengkudu*, brunis à l'écorce de *kombu*, bleuis grâce aux vertus tinctoriales de l'indigotier, assurent des revenus aux peuples de Nusa Tenggara (Sumba, Flores et Timor, mais aussi Roti, Sawu ou Sabu, Alor).

Les *ikat* tramés de soie, rehaussés de fils d'or, de Sumatra, et les doubles *ikat* réalisés par les Agas, habitants originels de Bali, à Tenganan, représentent les sommets de délicatesse de cette technique si particulière.

Les doubles *ikat* sont supposés éloigner les mauvais esprits : on les appelle *geringsing*, qui signifie justement "hors d'atteinte de la maladie". Le *geringsing* est porté lors des principales fêtes religieuses et de tous les rites de "passage", de l'adolescence à l'âge adulte, puis lors des funérailles.

haut : *Double* ikat*, village de Tenganan (Bali-Est)*
bas : *Travail de la soie à Garut (Java-Ouest)*

Inflorescence du batik

Plus célèbre que l'*ikat*, le *batik*, artisanat typique de Java et de Bali, a fait le tour du monde. Qu'il soit de coton ou de crêpe de Chine à peine frisé ou de pure soie lisse, le tissu vierge est traité selon la technique dite de réserve de cire. Cette méthode, postérieure au XIIIe siècle, consiste à couvrir de cire chaude, liquide (il s'agit de cire d'abeilles, additionnée de résine d'œil-de-chat, appelée *damar*), les parties du dessin qui ne doivent pas recevoir de teinture. (Une esquisse a été faite au préalable au crayon.)

L'on immerge ensuite la pièce de tissu enduite de cire dans un premier bain de teinture. Une fois le tissu sec, on le plonge dans de l'eau bouillante pour éliminer la cire des zones protégées. On recommence autant de fois que l'on souhaite adjoindre de couleurs.

Pour déposer la cire, la technique noble la plus aboutie, et qui donne les meilleurs résultats, consiste évidemment à tracer les motifs à la main. A l'aide d'un *canting*, petit réservoir à bec fin monté sur un manche et tenu comme un porte-plume, les femmes écrivent alors sur le tissu. On nommera *batik tulis* leur œuvre, soit "batik écrit".

Une autre technique moins majestueuse mais nettement plus rapide, réside dans l'application sur le tissu d'un tampon *(cap)* imprégné de cire : ici, les exigences de la rentabilité ôtent le charme inégalable du tracé manuel. Des teintures chimiques, importées du Japon ou d'Allemagne, ajoutent à la modernité de cette méthode.

Les motifs *(pola)*, floraux et animaliers, développés à l'infini, dans une harmonie luxueuse chez des artistes de talent, restent plutôt attachés à la tradition et marquent leur origine géographique (régions) : on retrouve souvent des rythmes répétitifs bruns *(parang)*, placés en diagonale, autrefois signes distinctifs des familles royales de Java-Centre, ou des cercles entrelacés *(kawung)*, ou des jeux superposés de cercles et de carrés *(ceplok)*, représentant l'univers et les quatre points cardinaux.

Les Chinois ont introduit des motifs plus poétiques de nuages, d'oiseaux, des phœnix aux plumages extravagants, des dragons sinueux qui contrastent avec la sobriété des signes anciens, le svastika sacré, par exemple, le "signe de salut" *(banji)*, symbole des cycles ininterrompus de la vie.

Le *kain songket* aux fils d'or

Tissage de coton ou de soie supportant une chaîne supplémentaire, en relief, de coton, de soie, de fil d'or ou d'argent, le *songket* est conçu sur un métier spécial, vertical, par des tisserandes de Sumatra. Le *songket* est aux Minang ce que le *geringsing* est aux Balinais : un élément indissociable des événements importants de la vie. Ces somptueux brocarts d'or ou d'argent, qui accompagnent les rituels (*kain*, sarong, *selanfang*, châles), sont frappés des seize motifs traditionnels aux lignes frémissantes, presque tous végétaux : fleurs de diamant, fleurs de Chine, fleurs d'eau, fleurs tombées, fleurs emportées par le vent, etc.

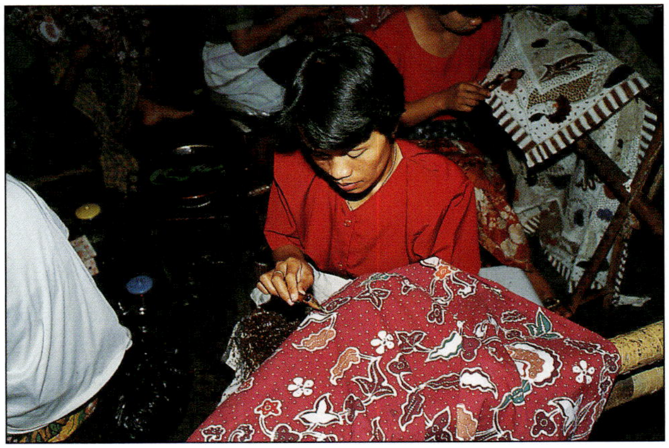

Yogyakarta, batik (Java-Centre)

Poésie de la terre, la poterie

Céramique chinoise

La céramique chinoise ancienne (poterie et vaisselle vernissée, porcelaine), portant la marque de toutes les dynasties depuis celle des Han, ont accoutumé les habitants de Nusantara à un contact familier avec des objets en terre cuite de très belle qualité.

Il n'est pas rare de mettre la main sur des bols, des assiettes et des plats Ming ou Song de la plus intéressante facture, mais des copies réussies troublent le sens de l'authenticité.

La rumeur de la rue assure que les inestimables trésors extirpés des épaves chinoises des siècles passés ne tombent pas dans le domaine public, mais demeurent propriété des grandes familles. Les musées ne recèlent donc qu'une partie des "restitutions de la mer".

La patience des potiers

D'innombrables artisans façonnent l'argile sur toutes les îles. La poterie brute, travaillée à la main, modelée, caressée, le plus fréquemment sans tour, avec la seule aide de spatules de bois, a l'agrément de celle du néolithique : sobriété, décors naïfs d'une simplicité éloquente, rondeurs matricielles nervurées, finement scarifiées comme des effigies du Bénin.

La poterie de Lombok est peut-être la plus réputée : son lissage est parfait et quelques motifs imprimés en creux dans la chair fluide de l'argile (poissons, lézards, notamment), grâce à des tampons de bois sculpté, sont remarquables. Il est des empreintes appuyées sur la chaleur des ocres-rouges, alignées et volontaires, d'autres tout juste effleurées, d'une exécution retenue, très raffinée.

La vannerie, pointillisme et géométrie

Féerie de tresses

En fibres de palmier, en lamelles de bambou, en rotin (ou *rotang*), des paniers de toutes sortes et de toutes formes, destinés à des usages précis, des boîtes rondes, ovales, plates ou hautes, agrémentées de sculptures de bois, ornent les étalages des magasins d'artisanat.

La finition, à l'égale du gros œuvre, est toujours irréprochable : les Indonésiens, exercés au métier depuis leur plus tendre enfance, font preuve d'une virtuosité sans pareille dans la maîtrise de ces matières.

Les sacs dayak, de Kalimantan, portés en bandoulière, affichent des couleurs tapageuses, comme le jaune et le noir, tandis que les boîtes de Lombok, discrètes, gardent, parfois cirées, la teinte naturelle du rotin.

Perles et cauris, notes précieuses

Objets de bois, ou recouverts de tissus, ou encore en vannerie, sont souvent embellis d'un fourmillement brasillant de perles ou de cauris, de piécettes d'argent, d'os ou de dents d'animaux. Les peuples de Nusa Tenggara cousent nacres, loupes et coquillages sur leurs *ikat* de cérémonie, leurs diadèmes, leurs coiffes, leurs ceintures mais aussi sur des coffres de feuilles de palmier séché ; les Dayak de Bornéo ornent leurs porte-bébés (que les femmes installent sur leur dos) de symboles religieux, chargés d'éloigner les mauvais esprits. Ces ornements sont faits de minuscules disques d'os, de perles de verre, d'ivoire, de pièces de monnaie. En Irian Jaya, où hommes et femmes ne sont vêtus que "d'espace", colliers de dents de chien, de sanglier, dentelles pectorales de cauris, mettent autant en valeur la nudité que les étuis péniens *(koteka)* de courges séchées ou les menus fourreaux de paille.

Art pictural, conformisme et mutation

La couleur renforce la forme

Traditionnellement, les couleurs sont utilisées en architecture et sur les sculptures, parachevant et enrichissant la forme. Des pigments retrouvés dans les replis de la statuaire de Borobudur confortent cette théorie. Sur les maisons dayak est peint l'arbre de vie. Les masques et les marionnettes sont colorés ; les tons définissent les caractères des personnages. Comme nous l'avons déjà indiqué, les masques blancs, à l'expression sereine, un peu énigmatique, correspondent aux cœurs nobles, aux personnes évoluées, capables de contrôler leurs émotions. Les masques rouges, évoquant la jalousie et la colère, dénoncent les intrigants et les rivaux. La couleur de Vishnou est le vert qui représente la vérité, la droiture...

Dans la symbolique javanaise, le noir (ou bleu-noir) correspond au nord, le blanc à l'est, le rouge au sud et le jaune à l'ouest. Il en va de même sur d'autres îles, notamment à Bali et à Sumbawa.

Images sur verre

La peinture sur verre, introduite au XIXe siècle, apporte une note décorative non négligeable dans les intérieurs des maisons de Java, surtout. Outre les scènes tirées du *Râmâyana* qui forment l'essentiel des thèmes proposés (Kâli exécutant Chanda ou Shiva dansant devant Ganesh, par exemple), il n'est pas rare de rencontrer des scènes de chasse, des guignols en goguette *(sandirawa boneka)*, et, plus récemment, des caricatures, personnages grotesques, à vélo ou en voiture, mais aussi des bâtiments, maisons ou mosquées...

Peinture balinaise, Ubud (Bali-Sud)

L'architecture, interprétation de l'univers

Les temples, dialogues avec les dieux

La position géographique privilégiée de Java a toujours fixé les hommes, qui ont édifié un grand nombre de monuments. Sur le plateau de Dieng, se dressaient jadis dix-huit temples, plus anciens que le sanctuaire bouddhique de Borobudur. Huit d'entre eux, toujours debout, défient le temps, dont celui, intact, de Bima.

Il en est d'autres, plus mystérieux, comme celui de Sukuh (Java-Centre), à la silhouette identique à celle d'un temple aztèque (pyramide tronquée et escalier central), tout à fait comparable à celui de Chichén Itzá, consacré à Quetzacóatl (Yucatán, Mexique), ou à celui du temple du devin à Uxmal (voisin du précédent), ou encore à celui du temple des inscriptions à Palenque (Tabasco, Mexique), et dont tout le monde, à mon grand étonnement, fait semblant d'ignorer l'extraordinaire parenté, Indonésiens au premier chef. La similitude, pourtant frappante, se prolonge dans les statues découvertes sur le site : elles ont les traits et la vigueur de l'art olmèque ou maya et, comme elles, présentent avec évidence les thèmes de la fertilité (sexes dressés, confondus)... et de la mort (déesses ou dieux dévoreurs d'enfants).

Les premiers buts de la religion aztèque n'étaient-ils pas, comme le rappellent les spécialistes du peuple indien du Mexique, Cottie Burland et Werner Forman, "de fournir au peuple de bonnes conditions physiques, abondance de nourriture et tous les plaisirs de la vie en satisfaisant à la hiérarchie des dieux par de continuelles offrandes sacrificielles" ?

Et il existe bien, sur le site de Sukuh, au pied même du temple, des tables sacrificatoires, représentant des tortues à la carapace tronquée... Comment ne pas songer à la maison des tortues d'Uxmal ?

N'étant pas archéologue, je me garderai de m'avancer davantage, mais *candi* Sukuh pourrait bien révéler, un jour, un pan oublié de l'histoire de Nusantara.

Dans un même ordre d'idée, je voudrais rappeler que les terrasses sacrificielles du temple mère de Bali, Besakih, sont antérieures au XIe siècle, donc précèdent l'implantation des cours javanaises hindouisées, fuyant l'avancée de l'islam. A quoi servaient-elles, sinon aux offrandes rituelles au volcan qui les domine, le Gunung Agung, aux immolations symboliques ou réelles de victimes, liées à un culte animiste ?

Actuellement, à Bali, chaque village assure, avec trois sanctuaires au moins, les rapports minima que l'on doit entretenir avec les ancêtres et les dieux : le *pura pusah*, "temple ombilic", construit en amont, qui est dédié aux fondateurs, plus ou moins déifiés ; le *pura desa*, érigé au centre, le "temple du village", qui rythme la vie, et où l'on vénère les aïeux ; en aval enfin, près du cimetière, le *pura dalem* ou "temple profond", qui termine le cycle, et régit (ou en tout cas rappelle) les frontières séparant les divinités supérieures et inférieures.

Temple de Sukuh (Java-Centre)

Le Français Jacques Dumarçay, l'un des principaux artisans de la restauration de Borobudur, pose les questions essentielles relatives au "regard que l'on porte sur une œuvre architecturale ayant perdu sa fonction". Il met ainsi en exergue les problèmes posés par la conservation d'une ruine ou par sa restauration.

Dans *Babel ruinée*, un "petit traité sur l'architecture en Asie méridionale", il écrit que : "les temples (de cette région) sont souvent bâtis sur un schéma géométrique : un mandala, c'est le cas de *candi* Sewu, à Java, par exemple. Le mandala exprime la demeure des dieux et aussi les rapports qu'ils entretiennent entre eux, une véritable théogonie. Les divinités sont inscrites dans chacun des espaces que les lignes du schéma géométrique ont délimités, cela peut être des lettres de l'alphabet sanskrit, des statuettes ou des symboles. Le temple lui-même est un mandala lorsque les divinités abritées dans les chapelles du temple expriment un lieu précis, comme au *candi* Plaosan à Java. En perdant la géométrie de l'édifice au profit de sa ruine, on perd son esprit même pour un bénéfice qui paraît bien mince. Les grandes horizontales et les balustrades du Borobudur, retrouvées après sa restauration, montrent aujourd'hui la volonté du maître d'œuvre de bâtir pour les dieux et le mandala, qui a présidé à sa conception, est réapparu."

Maisons de gueux et demeures de rois

Sur les plateaux des premiers âges,
Où des rochers d'étain balafrent les forêts,
De grands toits incurvés prennent la mer des arbres...

Les *tongkonan*, maisons collectives des Toraja, construites dans la région de Rantepao, à Sulawesi, possèdent un toit caractéristique qui, de profil, fait inévitablement songer à une coque de bateau curviligne (poupe et proue sont relevées comme celles des anciennes jonques chinoises). Certains prétendent que seul le passé maritime de cette peuplade peut expliquer pareille tradition architecturale, mais cette hypothèse, à ma connaissance, n'a pas été vérifiée, même s'il est admis qu'un "bateau conduit par les esprits vient chercher l'âme des morts". Une autre explication tient à la vénération que les Toraja portent au buffle, animal sacré par excellence, et les lignes des habitations rappelleraient celles des cornes. Quoi qu'il en soit, ces "nefs", faites de bambous fendus en deux et emboîtés les uns dans les autres sur plusieurs étages, reposant sur des piliers de teck, sont d'une beauté paisible et étrange. Les clans ou familles exposent sur les frontons de ces constructions des cornes de buffles accumulées. Il est possible de situer le rang des propriétaires en comptant ces trophées ou en évaluant la qualité des têtes de buffle sculptées dans le bois *(kabau)*, portant les couleurs de la "force vitale".

Les greniers à riz (sur pilotis) ou même les catafalques sont une image réduite des *tongkonan*.

A Sumatra, les toitures d'*ijuk* noir (fibres de palmier), elles aussi en "cornes de buffle" pointées vers le ciel, appartiennent à l'architecture traditionnelle minangkabau ; les pignons sont décorés de la tête du même animal et les façades exhibent des sculptures et des couleurs symboliques analogues. L'originalité tient à un système de plusieurs toits encastrés les uns dans les autres qui rythment l'élancement. L'un des exemples les plus connus est, à Padang Seminyak, le palais de Balai Janggo, à la grâce enchanteresse.

Dans les petites îles de la Sonde, maisons et greniers arborent souvent la silhouette du *meru*, la montagne sacrée de la religion hindouiste, pointue et renflée, évasée à la base. Certaines tribus aborigènes de Timor semblent s'être inspirées, en revanche, de dessins de pagodes. D'autres, à Sumba, ont érigé des huttes dont les protections de chaume, aux pentes très accentuées, ont des allures plus décontractées, africaines...

Au cœur de Kalimantan, à proximité des cours d'eau, les Dayak (ou *orang pedalaman*, "peuple des terres") ont élevé des maisons collectives, appelées *lamin* ou *balai* ou *betang* selon les régions, qui peuvent mesurer jusqu'à deux cents mètres de long, sur une vingtaine de large. Ces constructions de bois sur pilotis abritent un village entier, quarante, cinquante, soixante familles, logées dans des cellules juxtaposées à la suite d'un dortoir, commun aux hommes célibataires. Couloir intérieur et galerie extérieure semblent des rues interminables où sont alignés des lumignons, lampes à huile ou à pétrole, correspondant au nombre de foyers, et brûlant comme des esprits gardiens.

Piliers, encadrements de portes, balustrades sont sculptés ; les animaux ou personnages représentés sont chargés d'éloigner les forces mauvaises. Anciennement ces longues maisons étaient décorées de têtes humaines, car les Dayak devaient obligatoirement s'en procurer "pour chaque événement majeur de la vie". Le naturaliste Carl Bock écrivait, en 1881 : "Plus il (un Dayak) coupe de têtes, plus il gagne respect et admiration."

Ciel de brume pour cerfs-volants

Arabesques iridescentes dans les nuées

Il n'est pas un enfant de Java qui n'ait lancé, un jour, le cœur palpitant d'émoi, un cerf-volant de pacotille au-dessus des rizières, au-dessus de son village. La vie du jouet, tressautant au moindre souffle de vent, s'est transmise dans ses doigts. Emerveillé, il s'est promis d'en construire "un vrai", plus tard, quand "il serait grand"...

Lors d'un concours, organisé une fois l'an, sur la plage de sable noir de Parangtritis, au sud de Yogyakarta, l'air agité du bord de mer s'emplit de dragons rouge vif, de poulpes géants, d'oiseaux fantastiques ou de poissons aux nageoires flottantes, ondulant comme des algues. Les cerfs-volants "sérieux" sont si vastes parfois qu'il faut une bonne dizaine d'hommes pour les retenir, les faire évoluer. Ce sont ces enfants rêveurs qui, quelques années après la fascinante découverte des premiers joujoux, se sont lancés dans la fabrication de véritables constructions volantes, ingénieuses, voluptueuses, magiques. Leur ambition d'adulte reste tributaire de leur enthousiasme de mioches.

Partout, dans le pays, au-dessus des forêts, des torrents, des rizières, dansent ces écoufles de papier qui n'effraient même plus les petits voleurs de graines, les insignifiants oiselets.

La fleur qui chante

Au moment le plus doux de l'année, un soir de juillet, sur l'île de Java, nous profitions du rapide mais délicat crépuscule, marchant dans un jardin magnifique, ma femme et moi, lorsque l'air calme s'emplit soudain d'un chant très agréable, une sorte de sifflement régulier, "tiou, tiou, tiou...", que nous attribuâmes spontanément à un oiseau ou peut-être à l'un de ces insectes étranges qui peuplent la végétation, mais notre jardinier, *bapak* Hadi, désigna l'arbre qui abritait notre soliste, et nous détrompa : "C'est une fleur qui chante", nous assura-t-il avec fermeté. Comment ? Une fleur capable de vocalises ? Etait-ce possible ? Le temps de stupéfaction passé, nous fûmes pris de l'envie d'escalader l'arbre fantasmagorique pour vérifier, mais il nous parut alors déplacé de songer à violer cet enchantement. Pareille fascination ne pouvait s'accommoder d'une éventuelle désillusion. Nous préférâmes prendre l'information de *bapak* Hadi à la lettre et continuer à écouter, laissant vagabonder notre imagination ensorcelée.

Cette anecdote résume à elle seule l'Indonésie, pays surprenant et envoûtant qui, protégé d'une aura magique, plus chargée d'esprits que partout ailleurs, ne livre jamais complètement tous ses secrets.

Colonnes du temps, les dates essentielles depuis le début du XXe siècle

1901 : Quand Sukarno naît à Surabaya, les Hollandais, présents depuis presque trois siècles sur l'archipel, sont solidement implantés depuis deux cents ans.
1905 : Début de la *transmigrasi*, transfert des populations javanaises vers d'autres îles. Le processus sera réactivé par Suharto.
1911 : L'exploitation hollandaise gagne tout l'archipel.
1914-1918 : Première Guerre mondiale. Les Pays-Bas restent neutres.
1920 : Fondation du PKI, le Parti communiste indonésien, à Semarang.
1922 : Création d'assemblées représentatives *(kabupaten)* dans les provinces et les districts.
1924 : Premier vol Amsterdam-Batavia.
1926 : Organisation du parti musulman : Nahdatul Ulama.
1926-1927 : Répression des premiers mouvements communistes.
1927 : Formation du Parti national d'Indonésie, (PNI), avec l'ingénieur Sukarno et le club d'étude de Bandung.
1928 : L'hymne *Indonesia Raja* est joué pour la première fois. Congrès de la jeunesse à Batavia. Prestation par le PNI du serment : "Un peuple, une nation, une langue."
1929 : Arrestation de Sukarno et de sept autres membres du PNI.
1930 : Sukarno est arrêté pour "déclarations invitant à la sécession". Procès et condamnation.
1931 : KLM met en place le premier vol régulier Pays-Bas-Batavia.
1938 : Sukarno, exilé à Flores, est transféré à Bengkulu (Sumatra).
1941 : Guerre du Pacifique.
1942 : Capitulation sans condition du gouvernement des Indes néerlandaises. Les Japonais prennent le contrôle du pays pour l'exploiter.
1943 : Indésirables, les Japonais organisent le Pusat Tenaga Rakjat, "Centre de pouvoir populaire", avec Sukarno comme président (pour Java et Madura seulement).
1945 : Sukarno expose pour la première fois les cinq principes fondamentaux du *Pancasila*.
Bombes atomiques sur Hiroshima (6 août) et Nagasaki (9 août).
8 août : Sukarno et Hatta sont reçus par le général Terauchi, à Dalat (Indochine) qui leur promet l'indépendance pour le 24 août.
14 août : Capitulation des Japonais.
17 août : Proclamation de l'indépendance par Sukarno, *merdeka*, "liberté".
18 août : Première constitution. Sukarno est nommé président, Mohammed Hatta, vice-président. Ils se réfugient à Yogyakarta.
29 septembre : Débarquement des Britanniques à Java.
1946 (juillet) : Conférence de Malino (Célèbes du Sud). Formation d'une Indonésie de l'Est (Célèbes et petites îles de la Sonde) sous contrôle hollandais.
Novembre : Fin de la présence anglaise.
1947 (juillet-août) : Les Hollandais s'assurent militairement du contrôle de la côte nord de Java.
1948 : Accord du Renville (signé sur un navire de guerre américain). Java est partagée en plusieurs zones contrôlées, soit par les républicains (Java-Centre, région de Banten), soit par les Hollandais (arrière-pays de Jakarta, Java-Est). La ligne de démarcation est appelée "Van Mook". Nouvelle arrestation de Sukarno.
1949 (décembre) : Poussés par le Conseil de sécurité de l'ONU, les Hollandais acceptent le transfert de souveraineté. L'Indonésie devient indépendante.
1950 (août) : Proclamation de la république unie d'Indonésie et d'une nouvelle Constitution.
Création de la Garuda Indonesia Airways.

1952 : Affaire du 17 octobre. Sukarno essaie d'échapper au contrôle de l'armée. Le général Nasution est démis de ses fonctions.
La Javasche Bank est nationalisée : naissance de la Bank Indonesia.
1954 : Fin de l'Union néerlando-indonésienne.
1955 (avril) : Conférence de Bandung. Participation de vingt-neuf Etats afro-asiatiques. Elections générales pour le Parlement.
1956 : Hatta quitte ses fonctions de vice-président.
1957 (mars) : Le lieutenant-colonel Sumual, commandant la 7e région militaire (Célèbes et Indonésie de l'Est), déclare l'état de siège et annonce la création d'un mouvement de lutte totale (Permesta).
Mars-juillet : Fin du dernier ministère parlementaire. Création du cabinet Karya (ministres nommés) et du Dewan Nasional (corps consultatif dont les membres sont nommés par Sukarno).
Ouverture à gauche.
Juin : Début des élections pour les assemblées locales. Progrès des communistes.
Novembre : 40 000 Hollandais sont expulsés. Firmes hollandaises confisquées. Sukarno tente de nationaliser la compagnie KPM, Koninklijke Paketvaart Maatschappij, ou Compagnie royale de paquebots, fondée en 1888 par les Hollandais, mais la compagnie retire tous ses navires.
Sukarno échappe à un attentat.
1958 : Un groupe d'officiers (groupe Padang) annonce la formation d'un gouvernement révolutionnaire de la république d'Indonésie (PRRI).
Contrôle de la presse.
Juin : Nouvelle étape vers le pouvoir personnel et la “démocratie dirigée”. Retour à la Constitution de 1945.
1960 : Suspension du Parlement.
1961 : Fin de la rébellion du PRRI.
1962 : Les quatrièmes Jeux asiatiques se tiennent à Jakarta.
1963 (mai) : L'Irian Jaya revient à l'Indonésie.
1965 (30 septembre-1er octobre) : Coup d'Etat. Le parti communiste, accusé d'en être l'instigateur, fait l'objet d'une sanglante répression avant d'être supprimé.
1966-1967 : Elimination progressive de Sukarno. Suharto est nommé *acting president*. Passage de “l'ordre ancien” à “l'ordre nouveau”. Stabilisation économique et extension du pouvoir de l'armée. Politique de “bon voisinage” avec les autres Etats du Sud-Est asiatique.
1970 : Mort de Sukarno en résidence surveillée.
1984 : Autosuffisance alimentaire.
1998 : Après trois décennies d'autocratie, chute du président Suharto, forcé à la démission. Bacharuddin Yusuf Habibie lui succède. L'économie s'est effondrée. Après l'ère de “l'ordre nouveau”, celle de la *reformasi*, libéralisation de la presse, libération des prisonniers politiques, organisation d'élections multipartites. Naissance d'une soixantaine de formations politiques. Le fossé se creuse entre ethnies, races et religions. La fameuse “union dans la diversité” n'a pas encore été réussie. Le pouvoir central, affaibli, doit faire face à une résurgence des luttes (mouvements séparatistes), conflits sociaux et interreligieux.
Octobre : Megawati Sukarnoputri (fille de Sukarno) est élue présidente du PDI (Parti démocratique indonésien). Création du PDI-P.
1999 : De nombreuses manifestations d'étudiants protestataires ont lieu à Jakarta. L'archipel tout entier est en proie à des violences.
7 juin : Elections législatives multipartites.
30 août : Plébiscite d'autodétermination pour les Est-Timorais sous l'égide des Nations unies ; rejet de l'offre d'une autonomie étendue au sein de la république d'Indonésie. (Plus de 75 % des voix pour l'indépendance.)
20 octobre : Abdurrahman Wahid, dit Gus Dur, président du Nahdatul Ulama, devient le quatrième président de la république d'Indonésie.
21 octobre : Megawati Sukarnoputri est nommée vice-présidente de la république d'Indonésie.
2001 (23 juillet) : Destitution d'Abdurrahman Wahid, remplacé par Megawati Sukarnoputri.
26 juillet : Hamzah Haz nommé vice-président de la république indonésienne.

Pancasila, les cinq principes liés à la Constitution

Enoncés par Sukarno le 1er juin 1945, les cinq principes fondateurs de l'Etat définissent une république ni vraiment laïque, ni tout à fait religieuse.

Le rôle prédominant de la religion s'inscrit dans le premier principe, consensuel :
– **Croyance en un Dieu unique** (symbole : l'étoile).
Le culte est libre, mais chacun est tenu de déclarer la foi de son choix en un seul Dieu. (Ainsi le *Pancasila* est devenu le garant de la coexistence de religions différentes.)
N'étant pas considéré comme une religion, l'animisme est tombé sous la tutelle du ministère de la Culture.
De leur côté, pour satisfaire au monothéisme de rigueur, les hindouistes balinais ont inventé une divinité suprême : Sanghyang Widi Wasa.
L'athéisme n'est pas reconnu.
Le second principe de l'Etat pancasilaïste relève d'un idéalisme qui devrait convenir à toute la planète :
– **Humanité juste et civilisée** (symbole de l'humanisme : la chaîne).
Mais le troisième réinvente l'aspect réducteur du nationalisme, à cause de la coexistence interethnique :
– **Unité de l'Indonésie** (symbole : la tête de buffle).
Le quatrième, éclairé de l'esprit démocratique, difficilement applicable, "compte tenu des innombrables minorités", doit se substituer à la clairvoyance du chef de l'Etat :
– **Souveraineté populaire, guidée par la sagesse des délibérations et de la représentation *(permusya waratan)*** (symbole : le banian).
Le cinquième reste un idéal pour un pays qui conserve un système de traditions anciennes basé sur une hiérarchie inébranlable :
– **Justice sociale pour le peuple indonésien** (symboles : le riz et le coton).
Sur les portes marquant l'entrée de tous les villages, sont peints ces différents symboles. On y ajoute volontiers la formule de limitation des naissances : *Dua anak, cukup*, "Deux enfants, c'est assez !", illustrée par une main avec deux doigts ouverts ou un couple encadré d'un garçonnet et d'une fillette.

Glossaire

En principe parlé dans tout l'archipel, le *bahasa indonesia* est la langue officielle indonésienne. Utilisant l'alphabet latin, largement issue du malais, elle est également enrichie par des mots puisés dans les langues des pays avec lesquels des contacts culturels et commerciaux avaient été établis de longue date, et dans celles des nations colonisatrices : chinois, arabe, sanskrit, néerlandais, portugais, anglais et même français...

Bon à savoir : le *c* est prononcé "tch";
le *j* est prononcé "dj" ;
le *u* est prononcé "ou".

Adat : tradition orale, coutume.
Anaï leo ita ! : bonjour, bienvenue en mentawaï.
Anak : enfant.
Arak : alcool de riz (fort et souvent délicieux).
Bajaj : scooter-taxi à trois roues.
Bakso : soupe avec boulettes de viande.
Bale : habitation servant de lieu de réunion pour des débats et événements importants (Batak Karo).
Batik : technique de teinture sur tissu par réserve, à la cire.
Becak : vélo taxi à trois roues.
Bukit : colline.
Cabe : piment.
Candi : temple.
Dalang : manipulateur de marionnettes, conteur et comédien.
Danau : lac.
Dunkun : guérisseur doté de pouvoirs surnaturels, gardien des traditions.
Gamelan : orchestre traditionnel javanais et balinais.
Garuda : aigle.
Gondang : orchestre traditionnel (Batak Toba).
Gunung : montagne.
Gunung api : volcan.
Guru : professeur, enseignant.
Ijuk : fibre de feuille de palmier.
Ikat : lien, procédé qui consiste à nouer et protéger le fil avant de le tisser.
Jalan : rue , route, marcher.
Kain : tissu.
Kaki lima (cinq pieds) : petits chariots, très populaires, poussés par des marchands qui proposent une cuisine simple, des spécialités locales.
Kampung : village, quartier.
Kebaya : tenue traditionnelle, corsage + sari.
Kota : ville.
Kraton : palais.
Kretek : cigarette au tabac mélangé à des clous de girofle.
Keris : poignard traditionnel possédant souvent une force magique.
Ladang : champ.
Marga : ensemble de familles (avec des clans et même des sous-clans) de lignée patrilinéaire (Batak Toba).
Microlet, colt, bemo, oplet : minibus de transport collectif bon marché mais toujours bondés.
Nasi putih : riz blanc.
Nusa : île.
Ojek : moto prenant en charge des passagers.
Orang : homme.
Orang outang : homme de la forêt.
Pasar : marché.
Pinisi : voilier traditionnel bugis.
Puliajat : importantes fêtes et cérémonies collectives.
Puncak : sommet.
Satay : brochette de viande grillée au feu de bois et proposée avec une sauce aux cacahuètes.
Raja : roi.
Rimata : responsable des cérémonies.
Rukun : en paix.
Rumah adat : maison traditionnelle.
Salak : délicieux petit fruit recouvert d'une peau constituée de petites écailles faisant penser à la peau du serpent.
Sawah : rizière.
Sopo : grenier à riz posé sur pilotis (Batak Toba).
Sikerei : prêtre, chaman mentawaï.
Tau-tau : grande effigie en bois fixée à l'entrée des grottes funéraires en pays toraja.
Tuak : sève de palmier fermentée.
Ulos : écharpe traditionnelle en coton qui s'offre lors de certains événements importants (mariages) (Batak Toba).
Uma : grande maison collective mentawaï.
Warung : restaurant bon marché, échope.
Wayang : marionnette.
Wayang kulit : théâtre d'ombres.

Crédits photographiques

Toutes les photographies sont d'Alain et Marie-Thérèse Wodey sauf :
Daniel Leclerc : p. 16, 18, 25, 28, 47 haut, 51 bas, 55, 72 bas, 73 haut et bas, 74 bas, 75 droite, 81, 100 haut, 103 haut, 105, 108, 111, 113 haut, 114 bas, 115, 129, 130, 132, 138, 142
Michel Martin : p. 31 haut, 34, 45, 47 bas, 62, 63 bas droite, 70, 82, 88, 90 haut et bas, 92, 93 haut et centre, 95, 96 centre, 97 bas droite, 101 centre, 121.

Aux Editions ANAKO

collection "Horizons d'Aventures"

Angleterre, entre excentricité et tradition, Anne-Sophie Tiberghien.
Autriche, Patrick Bureau.
Argentine, des Andes à la Terre de Feu, Jean-Bernard Buisson et Isabelle Larrivaz.
Birmanie, le temps suspendu, Michel Huteau et Stephen Mansfield.
Brésil, la folie grandeur nature, Luc Giard.
Californies (Les Deux), Catherine Raoult et Marc Poirel.
Chine insolite des minorités, Patrick Bernard et Michel Huteau.
Far West, eldorado et terre sauvage, Christian Vérot.
Graines d'hommes, dirigé par Patrick Bernard.
Haut-Atlas – Sahara, Jean-Pierre Valentin et Paul Lorsignol.
Himalaya, esprit d'éveil, Roger Charret.
Inde, l'invitation au voyage, Chantal et Bernard Tubeuf.
Indonésie – Mentawaï, Olivier Lelièvre.
Irlande, le temps retrouvé, Jacques Paul.
Irlande, l'île de toutes les passions, Alain Wodey et Claude Vautrin.
Islande, l'île entre deux mondes, Jean-Louis Mathon.
Laos, voyage dans un Etat d'esprit, Michel Huteau.
Karennis, les combattants de la Spirale d'Or, Patrick Bernard et Michel Huteau (épuisé).
Madagascar, l'île mère, Didier Mauro et Emeline Raholiarisoa.
Maroc, au-delà du voile, Dominique et Robert Jean.
Norvège, porte de l'Arctique, Patrick Bureau et Evelyne Fouquereau.
Pays de Savoie, Jean-Bernard Buisson et Marie-Thérèse Hermann.
Pérou de légendes et de traditions, Annie Blondel et Jean Pichon.
Peuples d'Asie centrale, Albert Gruber.
Peuples d'Indochine, Patrick Bernard et Marc Victor.
Québec sauvage, Catherine Raoult et Marc Poirel.
Roumanie, Jacky Lebas.
Sous le soleil inca, Pérou-Bolivie-Equateur, Annie Blondel et Jean Pichon.
Tamgat nomade mongol, Christiane Drieux et Christian Basset.
Tzigane mon ami, Anne-Sophie Tiberghien.
Zanskar, visages d'un autre temps, David et Jacques Ducoin.

Photogravure : 2G Graphic – Paris
Imprimé par Eurografica Spa – Marano – Italie
Correction : Corinne Ghibaudo
Maquette : Jean-Marie Géhin

236, avenue Victor-Hugo – 94120 FONTENAY-SOUS-BOIS – FRANCE
Tél. : 01 43 94 92 88 – Fax : 01 43 94 02 45
http : //www.anako.com – Email : anako.editions@anako.com

Dépôt légal : 3e trimestre 2001